결혼의 목적은 행복을 넘어 거룩입니다
하늘이 준 최고의 선물, 성성性性 이야기

결혼의 목적은 행복을 넘어 거룩입니다

하늘이 준 최고의 선물,

성 성 性 性 이야기

이미란, 양동일, 한재윤 지음

생애주기에 따라
하브루타로 배우는
성경적 성교육의
결정판

생각나무

추천사

　인생의 모든 해답은 오직 '성경'에 있습니다. 하나님이 사람을 창조하실 때 하나님의 형상대로 남자와 여자를 창조하시고, 그들에게 복을 주시며 그들의 이름을 '사람'이라고 부르셨습니다(창 5:1-2). 따라서 성경이 말하는 결혼이란 반드시 한 '남성(자카르)-남자(이쉬)'와 한 '여성(네케바)-여자(잇샤)'가 부모를 떠나 '한몸(바사르 에하드)을 이루는 것입니다. 그때 비로소 '사람'이 되는 것입니다(창 1:27, 2:24, 5:2).

　결혼의 의미는 남자와 여자가 '하나님이 짝지워 주시는 대로'(마 19:6) 만나 남편과 아내로서 언약관계를 맺고 '하나님의 기업과 상급'(시 127:3), '하나님의 씨'(말 2:15)인 자녀를 낳을 때 구약의 '이스라엘의 남편, 여호와'(호 2:16, 19-20; 사 54:5; 렘 2:2-3; 3:14, 31:32; 겔 16:8, 23:4), 신약의 '교회의 신랑 예수 그리스도'(마 9:15; 요 3:29; 고전 6:16-17; 고후 11:2-3; 엡 5:31-33; 계 19:7-9, 21:2)와 연합해 '영적 자녀와 가족'(마 12:50; 요 19:27; 롬 16:13; 고전 4:17; 딤전 1:2, 18, 5:1-2; 딤후 1:2; 요일 2:12-14)을 낳고 구성하여 창조 사역의 동역자가 되는 것을 뜻합니다. 이것이 바로 하나님의 창조원리이며 결혼의 목적입니다.

이 책은 현대에 만연한 종교다원화와 동성애를 중심으로 한 온갖 형태의 타락한 성문화에 물들어 결혼의 참 의미와 목적이 상실되어 가고 있어 이 시대에 결혼의 본질적 의미와 사명을 깨닫게 해 주기에 충분합니다. 대부분 생물학적, 보건학적 접근으로 이루어진 기존의 성교육은 여러 가지 문제를 안고 있다면, 이 책은 성경에 기초해 생물학적, 사회학적 영역뿐만 아니라 영적 영역까지 포괄하는 새로운 개념인 성성교육(性性敎育)을 제시했습니다.

성경에 기초한 성성교육(性性敎育)은 '교회인 가정과 가정인 교회'의 성교육과 순결교육을 새롭게 정의하고 있어 기독교계에 큰 주목을 받을 것입니다. 이를 제시한 저자의 탁월한 통찰력은 높이 살 만합니다. 그외에도 인간의 정체성 회복과 행복한 삶을 위해 생애 주기별로 성성교육을 구체적으로 제시하고 있어 이 분야에 관심 있는 모든 이에게 필요한 지침서가 될 것입니다. 기존의 왜곡된 성교육의 문제점과 그 대안을 명쾌하게 제시한 이 책이 사람들에게 꼭 필독서로 자리매김할 것을 확신하며 널리 추천합니다.

　　　　　　김진섭 박사(백석대학교 평생교육신학원 학장, 구약학)

추천사

　세계를 제패했던 로마제국이 멸망한 직접적인 원인은 단순히 정치적인 이유나 군사적인 이유라기보다는 성적인 타락으로 가정이 무너졌기 때문입니다. 남자나 여자 할 것 없이 성적인 방종으로 성병이 유행했고, 결국에는 장애아가 태어나는 가정이 많았다고 합니다.

　로마의 귀족들은 순결한 여인을 며느리로 맞이하기 위한 극단의 조치로 예수 믿는 여인들을 며느리로 선택하게 되었다고 합니다. 왜냐하면 예수 믿는 여인들은 몸과 마음을 정결하게 지킨다는 것을 알고 있었기 때문입니다. 결국 이 여인들이 가정에서 자녀들을 신앙으로 키우면서 로마를 복음화하는 데 일조했다고 합니다.

　성경적으로 볼 때 노아의 시대에 홍수 심판으로 멸망하고, 소돔과 고모라가 불과 유황으로 망하고, 로마의 폼페이가 화산 폭발로 잿더미가 된 것은 성적인 타락이 극에 달했기 때문입니다. 그런 점에서 볼 때 우리가 살아가는 이 시대도 성적인 타락이 위험 수위에 다다랐다고 생각합니다. 동성애가 만연하고, 혼전 순결을 지키는 것을 구시대적 발상으로 여기는 시대가 되었습니다.

이러한 때에 발간되는 "하늘이 준 최고의 선물 성성 이야기"는 건강한 가정을 이루도록 돕는 지침서요, 자녀들에게 건강한 성교육을 위한 교과서요, 하나님의 창조섭리를 가르쳐 줌으로 행복한 삶을 설계하도록 돕는 가이드입니다. 이 책을 통해 이 땅의 많은 젊은이의 도덕성이 회복되고, 가정이 회복되기를 소망하면서 이 책을 추천합니다.

홍사진 목사(주찬양교회)

프롤로그

　포스트모더니즘 시대를 살아가는 우리는 바야흐로 모든 분야에서 절대적 진리가 사라지고 중요하다고 생각하는 기존의 가치체계가 모두 해체되는 것을 목격하고 있습니다. 인간이 자유를 누리고 싶어하는 만큼 모든 것으로부터 개성과 자유가 존중되는 시기가 되었습니다.

　성교육도 마찬가지입니다. 인본주의적이고 쾌락주의적인 성개념이 고대 그리스 로마 시대에는 특권층만의 전유물이었다면 이 시대에 모든 사람의 가치가 되었습니다. 민주시민교육과 자유교육이 확산되는 과정에서 자연스러운 현상이라고 볼 수 있습니다.

　하지만 포스트모더니즘 시대의 쾌락주의 성교육이 우리 사회의 근간을 흔들 수 있습니다. 쾌락을 지향하는 사회가 오히려 저출산 세대를 낳는 것은 정말 역설적이라고 볼 수 있습니다. 여기서 우리는 다시 성경적 성교육과 포괄적 성교육의 필요성을 말하지 않을 수 없습니다.

　이 책에서는 현대에 만연된 인본주의 쾌락주의 성교육의 맹점을 알아보고 대안으로서 성경적 성교육과 포괄적 성성교육의 필요성을 제시합니다.

1장에서는 청소년 성 정체성 혼란을 제기하며 조기 성교육, 연령별 성교육, 성경적 성교육의 필요성을 말하며 성성교육의 정의와 개념을 이야기합니다.

2장에서는 전통적 성교육의 두 가지 차이점에 관해 논하고 현대 사회의 포스트모더니즘 성교육의 문제점과 대안으로서의 성경적 성교육을 이야기합니다.

3장에서는 성과 관련된 여러가지 주제를 다룹니다. 나르시시즘, 동성애, 자위행위, 데이트와 자유연애 사상, 혼전 성관계와 동거문화, 생명 경시 풍조, 섭식장애와 신체 이미지에 관해 이야기합니다.

4장에서는 성경이 말하는 성교육을 논하며 성 욕구과 욕망을 성경적으로 이해하고 성경적 '사랑'의 정의, 성경적 데이트 '코트십'을 다루며 '돈 터치(Don't Touch)'와 '니다 정결법'의 개념을 이야기합니다.

5장에서는 연령별 성성교육에 접근하면서 생애 주기에 따른 성교육의 대안을 제시합니다.

이 책을 집필하는 데 함께 연구하고 도움을 주신 하브루타 예비부모연구소 이미경 사모님, 최무숙 전도사님, 김지영 선생님, 이상진 선생님께 감사드리며 책이 출판되기 전까지 함께 기도해 주신 하브루타 문화협회 김정완이사님과 민형덕 교수님께 진심으로 감사드립니다.

차 례

추천사 04
프롤로그 08

1. 왜 이제 성교육을 말하는가?

- 청소년의 성 정체성 혼란　21
- 조기 성교육의 필요성　23
- 연령별 성교육의 필요성　25
- 성경적 성교육의 필요성　26
- 포괄적 성성교육(性性教育)의 필요성　26

2. 전통적 성교육의 두 가지 관점

- 쾌락주의　33
- 금욕주의　34
- 포스트모더니즘 성교육: 쾌락주의　35
- 하나님이 주신 거룩한 성: 성경적 성교육　37

3. 성성교육의 다양한 주제

- 나르시시즘과 동성애 관계 43
- 자위행위(Masturbation) 45
- 데이트와 자유연애 사상 48
- 혼전 성관계와 동거 문화 49
- 낙태와 생명 경시 풍조 50
- 섭식장애, 거식증과 폭식증 51
- 단정한 옷차림과 과다 노출 53
- 건강한 남성과 여성의 이미지 55

4. 성경적 성성교육의 올바른 이해

- 성경이 말하는 성교육이란? 61

- 성 욕구와 욕망의 이해 62
- 천지 창조와 최초의 가정 63
- 성경적 사랑의 의미 64
- 성경적 데이트, 코트십 65
- 결혼예식으로 본 가정 70
- 성, 하나님과 거룩한 연합 73
- 돈 터치(Don't Touch) 75
- 성 윤리에 관한 성경 말씀: 레위기 18장 79
- 회개(Teshuvah)의 필요성과 극복 훈련 83
- 니다(Niddah) 정결법 84

5. 연령별 성경적 성성교육

1) 영유아기 성성교육

- 아이를 위한 기도문 93
- 성 정체성 인지 95

- 영유아 성성교육의 주안점   99
- '절제의 근육'을 키워라   99

2) 청소년기 성성교육

- 청소년기의 이해   103
- 우정과 동성애   106
- 청소년 성성교육의 주안점   112
- 욕을 하지 않아야 하는 이유   114
- 청소년 성교육, 3R 캠페인   116

3) 예비부부 성성교육

- 왜 결혼 전에 배워야 하나?   118
- 서로 다른 남성과 여성   118
- 자신의 '쓴 뿌리' 이해   121
- 가정불화의 악순환 차단   122
- 결혼 전 대화법과 의사소통 기술   123

- 수용화법의 비밀　125
- 적극적 경청　126
- 나 전달법(I-Message)　128
- 칭찬화법　129
- 미리 배우는 예비부부학교　131

4) 신혼부부 성성교육
- 성경적 '결혼'의 의미　134
- 남편과 아내의 역할　134
- 여자의 3성, 남자의 3성　137
- 꼭 알아야 할 남녀 성생활의 차이　143
- 육아 스트레스 극복과 부부 관계　146
- 연합과 분리의 비밀, 5+7의 법칙　150

5) 중년부부 성성교육
- 중년에 경계해야 할 성공　154
- 성적 욕구가 다른 남자와 여자　158
- 중년기의 남녀 호르몬 변화　160

- 여자의 자궁은 거룩한 성소 161
- 중년의 '섹스리스' 이해 164
- 성경적 '성숙'의 의미 168
- 중년 아버지의 역할 170
- 중년 어머니의 역할 172
- 가족식탁과 부모의 역할 177
- 가족식탁과 아버지의 역할 178
- 가족식탁과 어머니의 역할 178
- 가족식탁의 절차와 의미 178

6) 노년부부 성성교육

- 노인의 정의와 중요성 186
- 노년기 성성교육의 필요성 189
- 노년기 고독과 외로움의 문제 195
- 조부모의 역할과 격대교육 200
- 다음세대를 위한 신앙교육 204
- 성경적 '성화'의 의미 212
- 위대한 가족의 사명 217

1

왜 이제
성교육을
말하는가?

- 청소년의 성 정체성 혼란
- 조기 성교육의 필요성
- 연령별 성교육의 필요성
- 성경적 성교육의 필요성
- 포괄적 성성교육(性性敎育)의 필요성

– 이 장에서의 질문 –

- 왜 이제 성교육을 말하는가?

- 청소년의 성 정체성 혼란은 어디에서 비롯되는가?

- 왜 성교육은 조기에 해야 하는가?

- 왜 성교육은 연령에 따라 달라야 하는가?

- 왜 성경적 성교육의 관점을 알아야 하는가?

- 일반적 성교육과 포괄적 성교육은 어떻게 다른가?

- 성성교육의 정의와 개념은 무엇인가?

- 성교육과 성성교육은 어떻게 다른가?

1. 왜 이제 성교육을 말하는가?

　강물과 돈 그리고 섹스에는 공통점이 있습니다. 그것은 과유불급, 즉 너무 넘치면 위험하다는 것입니다. 강물과 돈의 공통점이 있습니다. 잘 흘려보내야 한다는 것입니다. 만약에 고이면 물은 썩게 되고 사회는 정체됩니다. 돈과 섹스의 공통점이 있습니다. 그것은 누구나 원하지만 입 밖으로 내뱉는 순간 '속물' 취급을 받는다는 점입니다. 그래서 '성'을 이야기하는 것은 언제나 조심스럽습니다.

다음의 에피소드는 우리 사회와 가정이 얼마나 자녀의 성교육에 둔감한지를 보여 주는 단적인 사례입니다. 어느 날 초등학생 저학년 자녀가 이렇게 질문합니다.

"엄마, 나는 어떻게 태어났어?"

예전의 엄마 아빠들은 자녀의 이런 질문에 대답이 궁색해졌을 때 "다리 밑에서 주워 왔다"라고 말했습니다. 이 대답은 비유적이어서 나중에 성인되어야 그 뜻을 충분히 이해할 수 있습니다. 하지만 어떤 아이들은 자신이 정말 부모도 없이 고아로 태어났다는 생각에 한동안 부모와 거리감이 생기고 정체성의 혼란을 겪는 경우도 있었습니다.

아이들은 커가면서 자신의 신체에 관심과 호기심을 갖게 됩니다. 어느 날 딸아이가 이렇게 질문합니다.

"엄마, 난 왜 고추가 없어?"

부모들이 당황해 대답을 회피하거나 쓸데없는 질문이라고 부정적인 반응을 보인다면 아이들은 자신의 신체에 대해 부정적인 생각을 갖게 될 것입니다. 이런 경우 부모들은 어떻게 대답해 줘야 할까요?

초등학교 상급 학년이 된 아들이 아침에 조금 불편한 표정으로 이렇게 말합니다.

"엄마! 설사를 한 것 같은데 이상해!

그런데 이 정체불명의 액체를 부모는 어떻게 설명해 줘야 할까요? 그냥 아무 말이나 얼버무리며 넘어가야 할까요? 어린 자녀가 난생 처음 '몽정'을 했을 때 부모는 무관심하게 반응하거나 대답을 회피하기도 합니다. 이렇게 되면 자녀는 단지 불쾌한 경험으로 생각하게 됩니다. 이런 사례는 어린 시절의 성에 관한 에피소드 중 '양반'에 속합니다.

청소년의 성 정체성 혼란

요즘 한국의 청소년들은 스마트폰, 인터넷, 유튜브, TV 등에서 쉽게 성인 동영상이나 포르노를 접합니다. 어떤 경로든 간에 어린 시절 이런 음란물에 노출된 자녀는 성 정체성의 혼란을 겪을 수 있습니다. 아이들은 가상공간의 음란한 행위가 현실에서 가능한 일이 아니라는 것을 모릅니다. 청소년의 성 정체성 혼란의 문제는 옛날 여자 친구의 치마를 들어 올리며 즐거워하던 '아이스케키' 같은 것이 아닙니다.

명절 날 사촌의 집을 방문한 자녀가 사촌 여자아이를 은밀한 방에서 성추행하거나, 여자아이들을 보면 아랫도리를 벗어 자신의 성기를 자랑하듯 보여 주는 아동 노출증 사건도 발생하고 있습니다. 이런 사건들은 가해자나 피해자에게 평생 잊지 못할 기억으로 남을 수 있습니다.

그뿐만 아니라 또래 집단 가운데에서도 문제가 생길 수 있습니다. 자신의 의견을 표현하지 못하는 아이들의 경우 자신의 생각과 달리 휩쓸리는 상황이 많이 발생할 수 있습니다. 남자아이들 사이에서 영웅심과 우정을 보여 주기 위해 옷을 벗어 보라는 등 육체적 수치심을 요구하는 경우도 있습니다. 서로 간의 친밀함을 증명하기 위해 여자아이들 사이에서도 성적으로 수치스러운 행위를 요구하는 경우도 있습니다.

청소년기에 접어든 자녀에게 1차 성징이 올 때 자신의 육체와 생리적 변화에 대해 충분한 이해가 없는 경우 불쾌감이나 죄책감을 느끼며 부모와의 관계 또한 멀어지는 것을 경험합니다. 단순히 호르몬 변화가 일어나는 '사춘기'라고 치부해 버릴 수는 없습니다. 부모들은 자녀가 어린 시절 건강한 성교육을 통해 무엇이 옳고 그른지를 잘 알려 주어야 합니다.

〈최근 발생한 성범죄 사례〉

하나. 인천의 도심 한복판에서 스포츠 선수 왕모 씨가 음란행위로 검찰에 검거됐다. 그는 로데오거리에서 대낮에 바지를 내리고 지나가는 여자를 보며 음란행위를 벌인 것으로 밝혀졌다. – 모 일간신문

둘. 유명 인기연예인 김모 씨가 자신의 집에 함께 사는 스태프 두 명을 성폭행해 사회에 물의를 빚었다. 그는 집안에 작은 바(술집) 같은 방을 꾸며 늘 술과 여자를 탐닉했다고 한다. – 모 일간신문

셋. 대형 교회 담임목사의 아들 강모 전도사가 주일학교 중등부 여학생들에게 친밀하게 다가가 성직자의 권위를 이용해 성적 수치심 또는 성추행한 것이 밝혀졌다. 물의를 일으킨 강모 전도사는 해외로 도주했다. – 모 일간신문

조기 성교육의 필요성

요즘 한국 사회의 성교육은 과거와 비교해 볼 때 상반된 모습을 보이고 있습니다. 과거에는 '성'이란 말 자체가 '터부(Taboo)'시 되어 가정에서든 학교에서든 말 자체도 꺼내기 어려웠습니다. 한국 사회가 교육에서 가장 등한시했던 분야가 바로 성교육이었습니다. 이제 시대가 바뀌고 환경도 바뀌었습니다. 어린 시절부터 건강한

성교육이 필요한 때입니다.

어린 시절부터 성교육이 필요한 이유는 부모나 교사를 통해 건강한 성교육이 이루어지지 않을 경우 아이들이 선정적이고 상업적인 대중 매체를 통해 왜곡된 성 문화를 받아들일 수 있기 때문입니다. 현대의 대중문화는 아이들의 인성과 영성에 형언할 수 없는 악영향을 미치고 있습니다.

하지만 한편으로 너무 이른 시기에 이루어지는 '성과학적 성교육'은 오히려 좋지 않습니다. 청소년기를 대상으로 하는 성교육의 내용을 유치원에서 미취학 아동들에게 하는 것이 옳은 일일까요? 물론 유아기부터의 성교육이 가능합니다. 하지만 연령에 따라 성교육의 내용과 정도는 달라야 합니다.

현재 공교육에서는 예방적 차원의 성과학적 성교육을 많이 하고 있다고 합니다. 청소년들의 원하지 않는 임신을 방지하기 위해 성교육 시간에 피임기구 등을 소개하기도 하고 자유연애에 대한 환상을 주기도 합니다. 우리 청소년들에게 어떤 성교육을 하는 것이 가장 좋을까요?

연령별 성교육의 필요성

　조기 성교육이 중요한 만큼 또한 연령별 성교육도 중요한 시대가 되었습니다. 건강하고 거룩한 가정을 만들기 위해 예비부부와 신혼부부를 위한 성교육이 절실히 필요합니다. 우선 부모 세대에 나타났던 가족의 역기능을 이해하고 순기능 가정을 위해 결단하는 시간이 필요합니다.

　자녀들을 어느 정도 키우고 난 중년 또는 중년부부를 위한 성교육도 필요합니다. 이 시기에 나타나는 부부의 권태기를 극복하지 못해 황혼이혼, 졸혼, 재혼 등이 유행합니다. 이렇게 되면 자녀들이 큰 혼란을 겪게 됩니다. 자녀들에게 정서상 맞지 않는 새로운 부모와 형제가 생겨나면 많은 문제가 발생할 수 있습니다.

　마지막으로 고령화시대를 맞아 노인 성매매 등 노인의 성문제가 큰 사회의 문제가 되고 있습니다. 우리나라 인구 중 가장 많은 노년층이 이제 은퇴시장에 들어오지만 여기에 적합한 노인 복지나 교육이 턱없이 부족한 실정입니다. 따라서 노인이나 노년부부를 위한 성교육이 필요합니다.

성경적 성교육의 필요성

청소년 성교육에서 중요한 몇 가지 질문이 있습니다. 가장 먼저 '어떤 기준으로 성교육을 해야 하는가' 입니다. 성교육은 금욕주의 관점, 쾌락주의 관점, 포스트모더니즘 관점 등 다양합니다. 이 책에서는 다른 어떤 관점들보다 '성경적 성교육' 관점에서 접근합니다.

성경적 성교육을 해야 하는 이유가 무엇일까요? 성경은 우리의 삶의 청사진이며 설계도이기 때문입니다. 하물며 하나님께서도 '성경 말씀'을 참고로 세상을 창조하셨다고 합니다. 성경은 우리가 신앙인으로 살아가는 데 기초가 되며 영과 육을 살찌우는 데 도움을 줍니다. 마찬가지로 성교육도 성경에 기초해야 합니다.

또한 성경적 성교육을 해야 하는 이유는 성경이 우리의 영성을 비추는 거울이기 때문입니다. 우리는 일상의 삶에서 어떤 것이 옳고 그른지를 구별하지 못할 때가 많습니다. 성경은 우리를 창조하신 하나님께서 주신 말씀이기 때문에 옳고 그름을 판단해주는 거울이 됩니다.

포괄적 성성교육(性性敎育)의 필요성

이제까지 한국사회의 성교육은 생물학적 접근(또는 성과학적 접근)이 주를 이루었습니다. 이런 관점에서 성교육은 성 발달, 성 정체성, 성 관계, 피임 방법 등의 내용을 다루었습니다. 또 다른 관점은 질병 예방적 접근(또는 보건학적 접근)이 있습니다. 예를 들어 특정 질병을 방지하기 위해 자신의 몸과 건강을 지키기 위한 측면입니다.

이 두 가지 관점으로 성교육이 이루어질 때 고려해야 할 점이 있습니다. 생물학적 접근의 경우 인간의 몸을 단순히 쾌락의 도구로 보며 원하지 않는 임신에 대한 예방책을 마련해 주는 데 초점을 둡니다. 또한 성 보건학적 접근은 성과 관련된 질병을 미연에 방지한다는 긍정적인 점도 있으나 성에 대한 막연한 공포감 또는 부정적 편견을 가질 수 있게 할 수 있습니다. 따라서 성교육은 다른 측면에서 접근해야 할 필요성이 있습니다.

'성'이란 인간의 본성에 내재된 아름답고 소중한 것이며 더 나아가 하나님이 주신 거룩한 것이라는 인식을 가져야 합니다. 또한 성은 단순히 질병을 유발하는 것이 아니라 위대한 생명 창조의 역할을 합니다. 마지막으로 성은 단순히 남녀의 생식기와 관련된 것이 아니라 생물학적, 사회학적, 영적 차원을 모두 포괄해야 합니다. 부부간의 친밀함, 자녀와의 애착 형성, 성 발달, 성 정체성, 섭식장애, 대인 관계가 모두 성교육에 해당합니다. 따라서 이제 성교육의 개념을 재정의해야 할 시기가 되었습니다.

이러한 포괄적 성교육을 '성성교육(性性敎育, Sexuality Education)'이라고 합니다. 기존의 성교육(Sex Education)이 성 발달과 생식에 관련되었다면 우리가 제시하는 성성교육은 성과 관련된 포괄적 개념이라고 볼 수 있습니다. 더욱 건강하고 영적인 차원의 접근을 위해 '성성교육'이 반드시 필요한 때입니다.

〈성교육과 성성교육의 차이〉
- 성교육: 남녀의 성에 대해 생물학적, 보건학적으로 접근한다.
- 성성교육: 남녀의 성에 대해 생물학적, 사회학적, 영적으로 접근하는 포괄적 성교육을 말한다.

2

전통적 성교육의
두 가지 관점

- 쾌락주의
- 금욕주의
- 포스트모더니즘 성교육: 쾌락주의
- 하나님이 주신 거룩한 성: 성경적 성교육

– 이 장에서의 질문 –

- 두 가지 전통적인 성교육의 관점은 무엇인가?

- 쾌락주의적 성교육은 어디서 비롯되었는가?

- 고대 그리스인과 현대인은 어떻게 다른가?

- 금욕주의적 성교육은 어디서 비롯되었는가?

- 포스트모더니즘 성교육은 어떤 관점인가?

- 현대 성교육은 어떤 면에서 부정적인가?

- 왜 성경적 성교육이 되어야 하는가?

- 일반인에게도 성경적 성교육이 유효한가?

2. 전통적 성교육의 두 가지 관점

현대사회의 청소년 문제는 그들이 어떤 것이 옳고 어떤 것이 그른지를 명확하게 판단하지 못하는 데서 발생합니다. 우리는 여기서 성교육에 관련된 두 가지 이분법적 사고를 다루고 성경이 진정으로 의미하는 성교육이 무엇인지 공부해 볼 것입니다.

1) 쾌락주의

하나님이 야벳을 창대하게 하사 셈의 장막에 거하게 하시고 가나안은 그의 종이 되게 하시기를 원하노라 하였더라(창 9: 27)

첫째로 고대 그리스인의 영향을 받은 쾌락주의입니다. 헬라인은 성경의 '야벳 족속'에 해당합니다. 히브리어 '야벳(Yaft)'은 '요피(Yofi)', 즉 아름다움(Beauty)을 뜻합니다. 고대 그리스의 문화는 얼마나 아름다웠는지 모릅니다.

고대 그리스 사상은 인간의 아름다움을 추구합니다. 그 사상가들은 인간의 몸과 정신, 육체와 영혼의 아름다움을 표현했습니다. 인간은 육체와 정신의 아름다움을 탐닉합니다. 그리스 사상을 통해 성경의 다윗과 같은 위대한 인물도 그 육체의 아름다움을 드러낸 것이 대표적 사례입니다.

그리스인은 육체의 아름다움을 즐기며 성적인 욕구 또한 탐닉의 대상으로 간주했습니다. 이 과정에서 여성의 성은 그 자체가 목적이 아니라 수단으로 전락하게 됩니다. 인간의 욕망을 이루기 위해 여성의 성이 수단화된다면 결국 여성의 성은 상품화될 가능성이 많아집니다.

2) 금욕주의

두 번째 관점은 초기 기독교 역사에서 나타난 금욕주의입니다. 인간의 '성'과 '성 욕구'를 죄악으로 보는 관점입니다. 따라서 성적인 욕구가 일어날 때 감당하지 못하고 결국에는 죄책감에 사로잡히게 됩니다. 이와 같은 죄악에서 벗어나기 위해 금욕적인 삶을 추구하는 독신주의를 권장하기도 합니다.

여기서 우리는 성적인 욕망을 벗어나기 위해 독신주의를 고집한다거나 그것을 극복하는 데 한계를 느껴 죄책감에 휩싸이게 하는 교리가 과연 옳은 것인지 질문해 볼 수 있습니다. 하나님께서 인간의 육체와 그 욕구를 만드신 것을 악한 것으로 보아야 할까요? 고대 그리스 로마 시대의 쾌락주의와 초기 기독교와 근대사회의 금욕주의처럼 선과 악 사이의 이분법적 사고가 인간을 옳지 않은 방향으로 이끌어 갑니다.

포스트모더니즘 성교육: 쾌락주의

최근 들어 공교육에 도입되고 있는 성교육은 고대 그리스의 쾌락주의를 닮아 있습니다. 다만 고대 그리스 사상이 부와 명예를 가지고 있는 상류층과 '자유인'의 것이었다면 현대의 성교육은 전 국민의 것이라고 말할 수 있습니다. 왜냐하면 자유주의적이고 개방적인 성교육이 한국 사회에 초중등 교육에까지 확산되고 있기 때문입니다.

⟨현재 공교육의 성교육 사례⟩

최근 급진적이고 외설적인 공교육의 성교육에 맞서 학부모들이 학교를 지켜야겠다며 들고 일어나고 있다. 2018년 이후 공교육에 성교육이 의무화되자 일부 급진적인 성교육 강사들이 도덕과 윤리를 배제한 채 "섹스도 청소년의 권리"라며 외설적 성교육을 하고 있는 것이 사회 문제가 된 것이다.

교실에서 성교육 강사가 남학생에 콘돔을 끼워보라고 지시하고 한 남학생이 그렇게 하자 다른 남학생들이 일어나 박수를 치거나 비아냥거렸으며 여학생들 대부분은 성적인 수치감을 느꼈다고 한다. 또한 상당수 학생들은 이 같이 외설적인 성교육에 오히려 죄책감마저 들었다고 한다.

학부모들은 성교육 강사를 파견한 센터에 직접 찾아가 항의하기도 했는데 그 센터에는 외설적인 성교육 전단지가 붙어있으며 동성애를 옹호하는 동영상을 시청하는 서비스를 하고 있었다고 한다.

– 최근 언론 보도

이것은 다분히 포스트모더니즘 시대에 나타나는 일종의 '해체주의' 영향으로 성을 죄악시하고 억제하려는 경향을 배척하고, 인간의 자유와 아름다움을 탐닉하는 성교육을 제시합니다. 그러나 이것은 다분히 유물론적이라고 볼 수 있습니다.

금욕주의와 쾌락주의 입장은 한 마디로 물질주의에 찬성하느냐 또는 반대하느냐에 관한 관점입니다. 금욕주의가 물질주의에 반대하는 관점이라면 쾌락주의는 물질주의에 찬성하는 관점이기 때문입니다.

현대사회의 성교육은 다분히 유물론적이라고 볼 수 있습니다. 인간의 성을 죄악시하는 것도 문제이지만 육체적 욕구를 수단 또는 상품으로 보는 것도 큰 문제라고 볼 수 있습니다. 그렇다면 이런 선과 악의 이분법적 사고를 벗어나기 위해 우리는 어떤 시각을 견지해야 할까요? 이 시대에 진정으로 필요한 성교육은 어떤 것이어야 할까요?

하나님이 주신 거룩한 성: 성경적 성교육

예전에는 성 욕구를 탐욕으로 생각하거나 죄악처럼 여기는 것이 문제였습니다. 우리나라도 유교 문화뿐만 아니라 보수적인 신앙과 금욕적인 성교육의 영향으로 자신의 성을 부끄럽게 여기고 '은밀하게 행하는 것'을 미덕으로 여기기도 합니다. 그러다 보니 성에 관한 그릇된 인식이 많으며 시행착오도 많이 겪습니다.

우리는 성교육을 성경적 관점에서 바라보아야 합니다. 하나님은 두 사람이 결혼하여 가정을 이루는 것을 중요하게 생각했습니다. 하나님이 태초에 창조하신 것은 바로 '가정'이었습니다. 그런 다음 하나님께서는 "생육하고 번성하라(창 1:28)"라고 명하셨습니다. 여기서 생육하고 번성하라는 의미는 '하나님의 자녀들로 세상에 충만하라'라는 의미입니다.

하나님의 명령은 결혼이 선택의 문제가 아니라 필수라는 것입니다. 사람이 결혼을 해서 가정을 이루어야 생육하고 번성할 수 있기 때문입니다. 건강하고 거룩한 부부 관계를 통해 자녀를 많이 낳을 수 있습니다. 이런 의미에서 볼 때 하나님께서 성적인 욕구를 주신 것은 소중하고 거룩한 일임에 틀림없습니다.

과거에 비해 요즘은 결혼에 대한 인식이 많이 바뀌었습니다. 인본주의와 쾌락주의 성 가치관이 난무합니다. 결혼하지 않는 사람이 많아졌으며 '돌싱(돌아온 싱글)', '졸혼(결혼의 졸업)', '다혼(여러 번 결혼)' 등의 말이 생겨났습니다. 성에 대해 쾌락적인 가치가 커지면서 오히려 '저출산 시대'가 되었다는 것은 큰 모순입니다.

하나님은 왜 인간에게 성 욕구를 주셨을까요? 하나님은 성 욕구를 통해 무엇을 얻기를 원하실까요? 성경적 관점으로 청소년들에게 무엇이 옳고 그른지, 성관계는 어느 시기에, 어느 장소에서, 어떤 사람과, 어떤 방법과 목적으로 이루어져야 하는지 잘 가르쳐 주어야 합니다.

3

성성교육의
다양한 주제

- 나르시시즘과 동성애 관계
- 자위행위(Masturbation)
- 데이트와 자유연애 사상
- 혼전 성관계와 동거 문화
- 낙태와 생명 경시 풍조
- 섭식장애, 거식증과 폭식증
- 단정한 옷차림과 과다 노출
- 건강한 남성과 여성의 이미지

- 이 장에서의 질문 -

- 나르시시즘과 동성애는 어떤 관계가 있는가?

- 자위행위, 해야 하는가? 하지 말아야 하는가?

- 성 욕구와 자위행위는 어떻게 극복할 수 있는가?

- 데이트와 자유연애 사상은 어디서 비롯되었는가?

- 혼전 성관계와 동거 문화를 어떻게 이해해야 하는가?

- 낙태로 인한 생명 경시 풍조는 과연 옳은가?

- 섭식장애도 성교육의 범위에 포함되는가?

- 우리에게 건강한 신체 이미지는 무엇을 의미하는가?

3. 성성교육의 다양한 주제

나르시시즘과 동성애 관계

건강한 사람이라면 누구나 '자신'을 사랑할 줄 알아야 합니다. 하지만 자신을 사랑하는 궁극적 목적은 자기 소멸이나 죽음이 아니라 자기 성장과 성숙이어야 합니다.

나르시스는 그리스 신화에 등장하는 목동으로 수많은 요정이 그를 사랑하지만 정작 그는 아랑곳하지 않았습니다. 어느 날 그는 물 위에 비친 자신을 보고 사랑한 나머지 물에 빠져들어 죽을 운명에 처했습니다. 그리고 그 자리에는 수선화(Narcissus)가 피어났습니다.

'자신을 사랑한다'며 '자신을 파괴하는' 모습을 주변에서 흔히 볼 수 있습니다. 자존감이 너무 낮은 것도 문제지만 자존감이 너무 높은 것도 큰 문제입니다. 두 가지 양극단이 모두 자기 파괴적입니다. 자존감이 너무 낮은 사람은 열등의식에 사로잡혀 살고 자존감이 너무 높은 사람은 우월의식에 사로잡혀 삽니다. 성을 대하는 태도도 마찬가지입니다.

극단적인 현상은 정신병리학적 관점에서 자기를 육체적으로 학대하면서 쾌감을 얻는 '사디즘(Sadism)'과 타인을 육체적(Physically)으로 학대하면서 쾌감을 얻는 '마조히즘(Masochism)'으로 발전하기도 합니다. 이런 정신병리현상은 인간의 성 정체성을 크게 왜곡시킵니다. 자신을 성적(Sexually)으로 학대하거나 타인을 학대하는 데 쾌감을 두고 '자신을 사랑한다'라고 말할 수는 없습니다. 두 가지 모두 자신을 파괴하는 일입니다.

한편, 동성애(Homosexuality)는 '자신을 사랑한' 결과라고 볼 수 있을까요? 존 파이퍼(John Piper) 목사는 '동성애'가 자기의 성을 우상화한 결과라고 주장합니다. 자신을 과도하게 사랑하는 사람은 자신의 성을 사랑할 가능성이 큽니다. 나르시시즘이 물에 비친 자신의 얼굴을 사랑한 것이라면 동성애는 자신의 성 또는 성 정체성을 우상화했을 가능성이 높습니다.

동성애를 통해서는 하나님과 하나 됨을 성취할 수 없습니다. 왜냐하면 동성애로 하나님의 창조 사역에 동참할 수 없기 때문입니다. 남자와 여자가 만나 결혼하고, 자녀를 낳아 가정을 이루며 인류는 번성합니다. 창조 사역이란 남편과 아내가 부부관계를 하는 동안 하나님이 함께 하셔서 '자녀'라는 열매를 주십니다. 이 같은 창조 사역은 하나님이 함께하지 않으면 결코 일어날 수 없는 기적에 가까운 일입니다.

자위행위(Masturbation)

자위행위를 바라보는 두 가지 관점이 있습니다. 첫 번째 자위행위를 인간의 기본적 욕구로 인정하고 그것을 적극적으로 권장하는 차원입니다. 현대의 포스트모더니즘 성교육은 자위행위를 통해 성적인 욕구를 해소하고 성추행, 성폭력 등의 문제를 방지할 수 있다고 봅니다.

하지만 자위행위는 성경적으로 옳지 않습니다. 그 이유는 첫째로 하나님께서 주신 생명의 씨앗을 함부로 버려서는 안 되기 때문입니다. 둘째로 자위행위의 상대가 올바른 사람이 아니라는 점입니다. 결혼 전의 청소년이든 결혼 후의 성인이든 마음속으로 음욕을 품는 것 자체가 간음입니다. 예수님은 다음과 같이 말씀하셨습니다.

또 간음하지 말라 하였다는 것을 너희가 들었으나 나는 너희에게 이르노니 음욕을 품고 여자를 보는 자마다 마음에 이미 간음하였느니라(마 5:27~28)

예수님은 간음의 범위를 육체에서 마음까지로 확대하셨습니다. 일반적으로 자위행위를 할 때 올바른 상대 즉, 자신의 아내와 하는 것이 아니라 상상 속 제3의 인물과 성관계를 맺습니다. 이것은 간음이라고 할 수 있습니다. 이런 면에서 볼 때 혼전 순결도 다시 정의되어야 합니다.

흔히 혼전 순결은 결혼 전에 타인과 육체적으로 성관계를 맺지 않는 것을 뜻합니다. 하지만 예수님의 관점에서 볼 때 혼전 순결은 '결혼 전에 마음이나 상상으로 음욕을 품고 자위행위를 하지 않는 것'

으로 재정의되어야 합니다.

자위행위는 사람의 의지로 충분히 절제가 가능합니다. 성적 욕구 불만이 있더라도 공공장소에서 자위행위를 할 수 있을까요? 그럴 수는 없을 것입니다. 이것은 자위행위 자체도 제어가 가능하다는 뜻입니다. 하나님께서 인간에게 욕구뿐만 아니라 욕구를 건강하게 절제하는 의지도 주셨습니다.

자위행위 충동을 제어하기 위해 청소년들은 어떤 활동을 해야 할까요? 다음과 같은 활동이 큰 도움을 줄 수 있습니다.
- 성경 공부
- 학교 공부
- 운동(구기 종목)
- 취미 생활
- 독서 모임
- 건강한 성성 대화
- 캠프 등 야외 활동
- 음란 서적이나 영상물 회피
- 정말로 피곤할 때 침대에 눕기

데이트와 자유연애 사상

　데이트와 자유연애는 미국에서 유행하기 시작해 현재는 전 세계적인 풍습이 되었습니다. 젊은 사람이라면 이성에 관심을 갖고 만나 교제하고 싶은 것이 당연한 일입니다. 결혼 전에 다른 이성과 최대한 많이 교제하는 것을 마치 진리인 것처럼 조언하기도 합니다. 하지만 데이트와 자유연애를 다시 한 번 생각해 볼 필요가 있습니다.

　데이트와 자유연애는 성경적으로 옳지 않습니다. 남녀 사이의 접촉은 진정한 친밀함을 만들지 못합니다. 신체 접촉은 자칫 가짜 친밀함을 형성할 수 있습니다. 사람과 사람 사이의 진정한 친밀함은 대화와 의사소통을 발전시킴으로 이루질 수 있습니다. 어떤 문제가 발생했을 때 대화와 의사소통으로 해결하지 않고 성관계로 해결하는 것이 바로 가짜 친밀함입니다.

　성경적 관점에서 볼 때도 데이트와 신체 접촉을 특별히 경계하고 있습니다. 우리 전통사회에서도 '남녀칠세부동석'이라고 하여 남녀가 함께 있는 자리를 피하는 지혜를 가르쳤습니다. 그래서 요즘은 '데이트'라는 말보다 '코트십(Courtship)'을 권장합니다. 코트십이란 가족과 가족이 만나는 것으로 부모가 허락한 사람과 교제하는 것을 뜻합니다. 코트십을 위해 신앙인 가족 간의 식사 초대문화도 많이 권장합니다. 코트십이라 하더라도 신체 접촉은 허락되지 않습니다.

혼전 성관계와 동거 문화

현대사회의 성교육에서는 결혼 전의 성관계를 긍정적으로 보는 경향이 있습니다. 그래서 혼전 성관계를 자동차를 구매하기 전에 해 보는 '시험운전'으로 비유하기도 합니다. 말하자면 결혼하기 전에 속궁합을 알아봐야 한다는 식입니다. 그런데 혼전 성관계가 자동차를 구매하는 행위와 비교할 수 있을까요? 다시 한 번 생각해 봐야 합니다.

혼전 성관계는 평생토록 감정의 무거운 짐으로 남을 수 있습니다. 특히 배우자가 아닌 타인과의 혼전 성관계는 결혼 후 부부가 성관계를 하는 가장 극적인 순간에 악영향을 미치기도 합니다. 부부의 성관계는 하나님과 연합해 생명을 창조하는 일입니다. 하지만 이렇게 하나님이 함께하는 거룩한 순간에 이전의 성관계 상대가 떠오르면 어떻겠습니까.

요즘 유행하는 동거문화도 옳지 않습니다. '가정'이라는 보금자리는 '사랑'을 안전하게 고백하는 자리입니다. 사실 '사랑 고백'은 결혼이라는 안전장치가 없을 경우 위험을 초래하는 일입니다. 만약에 사랑 고백을 했을 때 안전장치가 없다면 사랑의 볼모가 될 수 있기 때문입니다. 동거는 사랑 고백의 안전장치가 아닙니다. 동거는 감정의 문제가 생겼을 때 얼마든지 떠날 수 있기 때문입니다.

낙태와 생명 경시 풍조

정식으로 결혼하기 전에 발생한 원하지 않은 임신 때문에 낙태가 유행합니다. 지금까지 낙태가 음성적으로 이루진 반면 이제 낙태 법안이 통과됨으로써 낙태는 합법화되었습니다. 선택에 관한 결정권 등 여성 인권 문제와 강간 등의 특수한 경우 등으로 정당화될 수 있지만 생명 존중에 대한 종교적 문제가 첨예하게 대립됩니다.

낙태는 성경적으로 옳지 않습니다. 왜냐하면 태아는 이미 하나님이 주신 생명이기 때문입니다. 그리고 낙태한 죄책감은 평생 감정의 짐으로 남습니다. 생명을 죽인 죄책감으로 인해 기도 등 신앙생활에 어려움을 겪기도 하고 하나님과 연합하기도 어렵습니다.

청소년의 원치 않는 임신을 방지하기 위해 피임교육이 유행입니다. 하지만 피임 교육 이전에 생명 존중 교육이 우선되어야 합니다. 욕구를 해소하고 쾌락을 즐기는 가운데 발생할 수 있는 위험을 방지하는 차원이 아니라 근본적으로 하나님이 원치 않는 일에 대한 교육이 선행되어야 합니다.

섭식장애, 거식증과 폭식증

음식과 관련된 섭식장애도 성교육일까요? 위에서 일반적 성교육과 다른 성성교육을 언급했습니다. 음식을 거부하는 거식증이나 음식을 탐닉하는 폭식증(Bulimaia)은 어린 시절 부모와의 왜곡된 애착 형성으로 발생합니다. 이런 것을 보면 부부간의 친밀함과 행복 그리고 부모와의 애착 형성이 얼마나 중요한지 모릅니다.

어떤 여학생이 살찌는 것을 극도로 싫어합니다. 이유는 자신의 남자 친구가 살찌는 것을 싫어하기 때문입니다. 외모를 예쁘게 가꾸는 것은 중요한 일입니다. 하지만 모든 것이 너무 과하면 해로울 때가 있습니다. 이 여학생은 부모님이 보는 앞에서 음식을 맛있게 먹지만 식사를 하고 나서 부모 몰래 화장실에서 음식을 모두 토해낸다고 합니다.

음식을 혐오하고 거부할 정도의 외모지상주의는 어디서 생겨났을까요? 패션모델이나 연예인의 이미지는 하나같이 슬림(Slim)하고 섹시(Sexy)한 모습입니다. 왜 그들은 과도하게 깡마른 이미지를 추구할까요?

패션모델이나 연예인은 패션 잡지나 광고매체에 의류나 상품광고를 합니다. 이런 의류나 상품은 외관상 섹시하고 슬림한 체형을 요구합니다. 물질만능의 사회에서 돈에 대한 탐욕이 이같이 왜곡된 신체 이미지를 낳습니다. 최근 어떤 패션모델이 다이어트를 너무 과하게 한 나머지 영양실조로 죽음을 맞이한 사건이 발생했습니다. 그 뿐만 아니라 건강한 체형에도 불구하고 늘 자신이 뚱뚱하다며 살을 빼려고 안간힘을 쓰는 여학생을 많이 볼 수 있습니다.

현대 심리학에 따르면 정신적으로 성장하기를 원하지 않는 자아가 다이어트에 과도하게 몰입하게 만든다고 합니다. 현대의 과소비와 영양과잉은 정신적 성장이 뒷받침하지 않을 때 큰 문제를 낳습니다. 뚱뚱하게 보이는 것이 절제력이 없고 자기관리를 못하는 것처럼 보인다거나 심지어 가난하게 보인다는 인식을 형성합니다. 따라서 정신적으로 성숙하지 못한 자아는 스스로 성장하기를 원하지 않고 정신적으로 아이인 상태로 남고 싶어 합니다. 그런 경우 더는 정신적으로 성장하지 않도록 살을 빼는 전략을 취합니다.

단정한 옷차림과 과다 노출

성성교육에서 다음으로 생각해 볼 문제는 옷차림입니다. 아담과 하와는 선악과 사건 이후 자신의 부끄러운 부분을 무화과 나뭇잎으로 가렸습니다. 이 사건은 단순히 죄를 지은 인간이 죄책감을 덮기 위한 것으로 해석되곤 합니다. 하지만 성성교육에서 보는 선악과와 무화과 나뭇잎 사건은 좀 다른 견해를 제시합니다.

선악과를 통해 인간은 자유의지가 대폭 확대되었습니다. 자유의지가 확대되자 하나님은 보이지 않는 곳으로 숨겨져 버렸습니다. 물론 선악과 사건 전에도 인간에게 자유의지가 있었습니다. 그때는 인간이 하나님과 대면하며 살았습니다. 하지만 선악과 사건 이후 인간이 자유의지를 통해 선악을 판단하고 행동을 결정하는 만큼 하나님은 보이지 않게 된 것입니다.

선악과 사건을 통해 인간의 자유의지와 자아의식이 대폭 확대되면서 가장 은밀한 부분에 대한 의식이 생겨났습니다. 자신의 성을 가장 사적인 영역으로 보호하기 위해 무화과 나뭇잎으로 가리게 된 것입니다. 이렇게 성은 인간에게 가장 사적이고 소중한 부분이 되었습니다. 하지만 현대사회의 청소년 또는 성인은 성을 고귀한 것으로 보호하기보다 오히려 더욱 노출하고 싶어 하는 것 같습니다.

현대사회의 노골적인 노출은 어떻게 생겨났을까요? 여러 가지 이유가 있지만 자본주의와 상업주의가 큰 영향을 미치고 있습니다. 기업들이 상품을 팔기 위한 광고 전략으로 선정적인 여성의 모습을 이용합니다. 광고의 관건은 여성의 은밀한 부분을 얼마나 많이 노출해서 남성의 시선을 사로잡느냐 하는 것입니다. 이것은 한국 사회 남성의 관음증을 보여 주는 대표적인 사례이기도 합니다.

더욱 심각한 것은 청소년들이 이러한 노출 문화를 가감 없이 받아들이는 것입니다. 청소년들이 좋아하는 가수나 연예인들을 '아이돌(Idol, 우상)'이라고 부릅니다.

기업들이 아이돌 그룹이나 연예인을 광고모델로 등장시키기 때문에 청소년들은 자연스럽게 노출을 당연한 것으로 여깁니다. 청소년들은 이런 기업의 생리와 본질을 반드시 알아야 합니다.

무엇을 입든지 무슨 문제가 되냐고 말할 수 있지만 가장 소중한 것을 지키기 위해 단정한 옷차림이 중요한 시기가 되었습니다. 성은 가장 소중하고 사적인 영역이기 때문에 무분별하게 노출하는 것이 아니라 오히려 주의를 기울여 보호하고 지켜야 합니다.

건강한 남성과 여성의 이미지

성성교육에서 마지막으로 생각해 볼 문제는 자신의 '신체 이미지'입니다. 우리는 하나님이 주신 자신의 외모를 아주 소중하게 생각해야 합니다. 일반적으로 여성이 거울을 볼 때 '왜 이렇게 못생겼을까' 라고 생각한다고 합니다. 이에 반해 남성은 거울을 볼 때 '이만하면 잘생겼다' 라고 생각한다고 합니다. 자신의 얼굴이나 외모에 지나치게 열등감을 갖거나 우월감을 갖는 것은 문제입니다.

전 세계 인구가 70억이라면 그중 누구도 다른 사람과 동일한 사람은 없습니다. 70억 개의 퍼즐 중 하나를 빼고 다른 퍼즐을 끼어 넣는 것은 불가능합니다. 하나님은 왜 이렇게 다른 외모와 다른 인격을 우리에게 주셨을까요? 모두가 다르다는 것은 무엇을 의미할까요? 모두가 다르다는 것은 첫째로 모두가 하나님 앞에서 평등하다는 것을 뜻합니다. 인간은 각각의 다른 모습이었을 때 평등하며 공평한 것입니다.

모두가 다르다는 것은 또한 하나님께서 우리에게 원하시는 사명이 모두 다르다는 것을 뜻합니다. 어떤 사람이 어떤 분야에 큰 성공을 거두었다고 칩시다. 우리도 그와 동일한 분야에서 동일한 성공을 거두라는 뜻이 아닙니다. 그런데 현대사회는 동일한 목표를 제시하고 거기에 부합한 사람만이 성공했다는 편견을 갖게 합니다. 우리의 모습이 다르듯이 우리의 사명도 다르다는 것을 기억해야 합니다.

이렇게 하나님께서 주신 신체 이미지를 귀하고 소중하게 여겨야 합니다. 우리의 눈과 코와 입과 신체 이미지는 다른 사람과 달라야 합니다. 따라서 똑같은 얼굴이나 이미지를 양산하는 '성형수술'은 개성 없는 사회를 만듭니다.

우리가 더 관심을 가져야 할 것은 외모보다는 오히려 내면의 자신감입니다. 이렇게 하기 위해서는 자신의 정체성, 즉 '나는 누구인가', '나는 다른 사람들과 어떻게 다른가', '나는 어떻게 살아야 하는가', '나는 어떻게 죽을 것인가', '나는 어떻게 세상을 개선할 것인가' 등을 끊임없이 자신에게 묻고 성찰해야 합니다.

4

성경적 성성교육의 올바른 이해

- 성경이 말하는 성교육이란?
- 성 욕구 또는 욕망의 이해
- 천지 창조와 최초의 가정
- 성경적 사랑의 의미
- 성경적 데이트, 코트십
- 결혼예식으로 본 가정
- 성, 하나님과 거룩한 연합
- 돈 터치(Don't Touch)
- 성 윤리에 관한 성경 말씀
- 회개의 필요성과 극복 훈련
- 니다(Niddah) 정결법

– 이 장에서의 질문 –

- 성경이 말하는 성교육이란 무엇일까?

- 성 욕구와 욕망을 어떻게 이해해야 하는가?

- 천지 창조 시대 최초의 가정은 어떤 모습이었을까?

- '사랑'의 성경적 의미는 무엇인가?

- 성경적 데이트, '코트십'이란 무엇인가?

- 결혼예식으로 보는 가정의 진정한 의미는 무엇인가?

- 왜 결혼을 '하나님과의 거룩한 연합'이라고 말하는가?

- '돈 터치(Don't Touch)'와 니다(Niddah) 정결법의 개념은 무엇인가?

4. 성경적 성성교육의 올바른 이해

성경이 말하는 성교육이란?

우리는 전통적인 성교육의 접근 방법인 쾌락주의와 금욕주의 두 가지 관점을 살펴보았습니다. 그런데 이런 양극단의 접근 방식에는 한 가지 공통점이 있습니다. 그것은 여성의 성을 '하찮은 것'으로 간주하며 '비하' 또는 '남용'의 대상으로 본다는 점입니다.

하나님이 주신 '성'은 크게 두 가지 관점으로 볼 수 있습니다. 하나는 생명 창조를 위한 것이며 다른 하나는 서로에게 기쁨을 주기 위한 것입니다. 남편과 아내는 가정에서 하나님과 함께 '하나님의 자녀'를 만드는 위대한 창조 사역의 동역자입니다. 또한 서로를 즐겁게 함으로써 지상에서 느끼는 최고의 기쁨을 누릴 수 있습니다. 우리는 이렇게 아름답고 거룩한 관점에서 성을 바라보아야 합니다.

성 욕구와 욕망의 이해

사람들에게 '불'이 좋은 것인지 나쁜 것인지 묻는다면 어떤 대답을 얻을 수 있을까요? "그것을 어떻게 사용하느냐에 따라 다릅니다. 불은 따뜻한 음식을 만들 수 있지만 화재를 일으켜 생명을 앗아갈 수도 있습니다." 성 욕구 또한 이와 같을 것입니다. 생명을 탄생시키는 위대한 창조의 기능을 하기도 하지만 무차별적인 파괴력을 지니기도 합니다. 우리는 욕구의 목적을 이해하고 올바로 사용했을 때 얼마나 긍정적으로 평가되며 잘못 사용했을 때 얼마나 부정적으로 평가될 수 있는지 알게 될 것입니다.

욕구의 궁극적 목적은 하나님과 하나 됨을 드러내는 일입니다. 여기서 우리는 성경적 교육의 목적도 함께 알 수 있습니다. 우리의 평생 목적은 하나님의 형상대로 살아가는 것, 하나님과 하나 됨을 알아가는 것입니다. 하나님과 하나 됨을 경험할 수 있는 것이 남녀의 올바른 연합입니다.

우리는 이 연합을 통해 하나님의 임재를 체험하게 됩니다. 왜냐하면 하나님의 이름이 '남자(ish)'와 '여자(isha)'라는 단어 안에 들어가기 때문입니다. 남자와 여자의 올바른 연합을 통해 하나님을 만나고 연합할 수 있다는 것입니다. 결국 남자와 여자의 거룩한 욕망은 서로 사랑하고 연합하게 만들고 그 연합을 통해 하나님과 하나 됨을 이루게 합니다. 우리는 이런 욕구를 통해 친밀한 남녀 관계를 만들며 거룩하신 하나님의 속성을 만날 수 있게 되는 것입니다.

천지 창조와 최초의 가정

하나님은 모든 창조를 이루신 마지막에 자신의 형상대로 아담을 창조하셨습니다. 하나님은 창조하신 모든 것이 좋다고 하셨으나 남자가 혼자 있는 것은 좋지 않다고 하셨습니다. 하나님은 그를 돕는 자 하와를 지으시고 아담과 연합하게 하셨습니다. 남자를 창조하신 하나님은 남자를 혼자 살게 한 것이 아니라 여자와 함께 살도록 하셨음을 알 수 있습니다. 이것이 바로 창조의 섭리라는 것입니다.

결혼하기 전의 남녀는 늘 무언가에 결핍을 느낍니다. 마음의 초조, 외로움, 번민 등의 감정을 경험하게 되는데 이는 당연한 것입니다. 남자와 여자는 결혼이라는 과정을 통해 온전하고도 완전한 하나의 사람이 될 수 있는 것입니다. 하나님은 이 둘의 연합, 특별히 부부 간에만 허락하신 육체의 결합을 통해 한몸이 되는 신비를 주셨습니다. 그 신비는 생명으로 연결되고 생명은 또 다른 생명으로 이어지게 됩니다. 즉, 결혼한 남자와 여자는 하나님과 함께 창조 사역을 이어나가는 동역자로서의 삶을 살아가게 되는 것입니다.

이러므로 남자가 부모를 떠나 그의 아내와 합하여 둘이 한 몸을 이룰지로다 아담과 그의 아내 두 사람이 벌거벗었으나 부끄러워하지 아니하니라(창 2:24~25)

'둘이 한몸을 이룬다'라는 말은 문자적으로 서로 완전히 달라붙어 있다는 말입니다. 남편과 아내는 육체적으로뿐만 아니라 정신적 그리고 영적으로 서로 붙어있어야 합니다. 그렇게 되었을 경우 하나님과 하나 됨을 이룰 수 있습니다.

성경적 사랑의 의미
하나님은 결혼을 통해 남자와 여자를 성장시키고 성숙시킵니다.

하나님은 남자에게는 일생토록 한 가정을 이끌어 가는 굳건한 책임감과 아내와 자녀들을 보호하고 사랑할 힘을, 여자에게는 생명을 탄생하게 하는 신비와 모성애를 통해 따뜻하고도 넉넉한 사랑의 힘을 주셨습니다.

사단은 우리가 하나님의 사랑을 경험하지 못하도록 물질과 탐욕의 세계로 눈을 돌리게 합니다. 또한 남녀 간의 사랑도 오직 육체의 연합만 생각하게 하고 보이는 것에만 집중하게 만듭니다. 사람들은 결국 사랑이란 오래 지속되지도 않고 영원하기 않기 때문에 단순히 쾌락을 위한 이유로만 치부하며 귀하게 생각하지 않습니다.

하나님은 우리를 늘 사랑하시고 우리를 향한 마음이 변하지 않으시며 심지어 남녀가 사랑하는 가운데 하나가 되고 싶어 하십니다. 하나님을 더 깊이 알아 갈수록 우리는 그분의 성품과 사랑에 감동하고 감격하게 됩니다. 이처럼 우리에게 허락하신 배우자도 시간이 지날수록 하나님의 형상 안에서 발견된 성품과 사랑에 깊이 감동하게 됩니다.

성경적 데이트, 코트십

신앙인들에게 대중문화는 반드시 경계해야 할 이방 문화입니다.

부모는 자녀가 대중문화에 동화되어 거룩한 삶에서 떠나는 것을 염려하지 않을 수 없습니다. 마찬가지로 청소년들도 대중문화의 이면에 숨겨진 음란함과 악함을 알고 있어야 합니다. 현대 미국에서 시작된 데이트와 자유연애 사상은 성경적이지 않습니다.

성경은 이미 오래전부터 데이트와 자유연애 사상을 부정했습니다. 대홍수 사건이 일어난 노아 시대에 하나님의 아들들이 사람의 딸들의 아름다움을 보고 좋아하는 모든 여자를 아내로 삼았다는 내용이 나옵니다. 그 내용은 다음 장에서 더 구체적으로 언급하겠지만 이 부분이 바로 데이트 또는 자유연애를 말합니다.

아브라함이 갈대아 우르를 떠나 가나안으로 가게 된 것은 그 지역의 우상숭배와 음란 문화를 답습하지 않기 위해서입니다. 하나님의 사람에게 대중문화는 자녀 양육의 큰 걸림돌이 됩니다. 아브라함은 100세에 낳은 이삭이 사라의 여종 하갈에게서 낳은 이스마엘과 어울리자 크게 근심합니다. 아브라함을 근심하게 했던 것은 바로 애굽 출신의 어머니 하갈과 그 영향을 받은 이스마엘의 가증한 풍습 때문이었을 것입니다.

> 아브라함이 그의 아들로 말미암아 그 일이 매우 근심이 되었더니 (창 21:11)

아브라함이 아들 이삭의 신붓감을 구하는 모습에서 코트십의 전형적인 모습을 볼 수 있습니다. 코트십은 간단히 말해 신앙의 가문과 결혼하는 것을 말합니다. 아브라함은 이방 풍습에 젖어 있던 하갈과 이스마엘을 쫓아냈으며 그 지역의 여자를 며느리로 맞이하는 것을 반대했습니다.

아브라함은 남종 엘리에셀을 친족이 살고 있는 곳으로 보내 신앙의 가문에서 며느리를 얻도록 했습니다. 그렇다면 배우자나 신붓감을 선택하는 데 가장 중요했던 것은 무엇일까요? 바로 이웃 사랑을 실천하는 친절한 성품이었습니다. 엘리에셀은 자신과 낙타에게 마실 물을 길러 준 리브가가 바로 그 신붓감이라는 것을 알았습니다. 이런 친절함은 다름 아닌 아브라함과 사라의 성품이었습니다.

이삭도 마찬가지였습니다. 이삭의 두 아들 에서와 야곱을 보면 알 수 있습니다. 에서는 용맹한 사냥꾼이었으나 아버지와 어머니에게 큰 근심 거리가 되었습니다. 바로 이방 민족에게 얻은 두 아내 때문이었습니다. 심지어 세 번째 아내는 위에서 언급한 이스마엘의 딸들이 었습니다.

에서가 사십 세에 헷 족속 브에리의 딸 유딧과 헷 족속 엘론의 딸 바스맛을 아내로 맞이하였더니 그들이 이삭과 리브가의 마음에 근심이 되었더라(창 26: 34~35)

에서가 또 본즉 가나안 사람의 딸들이 그의 아버지 이삭을 기쁘게 하지 못하는지라 이에 에서가 이스마엘에게 가서 그 본처들 외에 아브라함의 아들 이스마엘의 딸이요 느바욧의 누이인 마할랏을 아내로 맞이하였더라(창 28:8~9)

에서가 가나안 여인 중 헷 족속 엘론의 딸 아다와 히위 족속 시브온의 딸인 아나의 딸 오홀리바마를 자기 아내로 맞이하고 또 이스마엘의 딸 느바욧의 누이 바스맛을 맞이하였더니(창 36:2~3)

이삭과 리브가는 에서와 결혼한 이방 며느리들의 음란과 우상숭배, 가증한 풍습을 보고 근심하고 한탄했으며 둘째 아들 야곱의 신붓감은 제대로 된 신앙의 가문에서 얻기를 바랐습니다. 야곱은 에서에게서 장자권과 축복권을 빼앗은 뒤 믿음의 가문이었던 외삼촌 라반이 살고 있는 하란 땅을 향해 갔습니다. 우여곡절 끝에 야곱은 레아와 라헬을 아내로 삼았습니다.

성경적 데이트인 코트십은 이와 같이 첫째로 신앙의 가문 간의 결혼을 뜻합니다. 그리고 가족 간의 교제를 통해 앞으로 결혼할 상대를 자연스럽게 알아 갑니다. 부모는 반드시 코트십의 대상이 되는 상대방의 자녀 이름을 알아야 합니다. 이렇게 가족 간의 활동을 통해 상대가 미래의 배우자로 적합한지 알아갑니다.

1. 코트십을 하기 전에 남녀는 결혼 준비를 한다.
- 남편이 될 준비
-가정을 꾸리기 위한 안정적인 직업을 갖는다.
-집 안팎을 잘 관리하도록 주택 관리를 배운다.
-재정을 관리할 수 있도록 경제 교육을 받는다.
-부부생활을 잘할 수 있도록 성교육을 받는다.

- 아내가 될 준비
-아이를 잘 낳고 키우는 육아 교육을 받는다.

-가정을 돌보도록 살림살이를 배운다.
-재정을 관리할 수 있도록 경제 교육을 받는다.
-부부생활을 잘할 수 있도록 성교육을 받는다.

2. 영적인 권위자인 부모님과 함께 정한 영적 기준을 충족하지 못한다면 어떤 사람과도 코트십을 하지 않겠다고 다짐한다.
-코트십의 상대가 하나님을 사랑하고 신앙이 있는지 확인한다.
-코트십의 상대가 친절하고 온유한 성품의 사람인지 확인한다.
-코트십의 상대가 약한 사람을 배려하는 자상함이 있는지 확인한다.
-코트십의 상대가 부모에게 순종하고 공경하며 효심이 있는지 확인한다.
-코트십의 상대가 정신적으로나 영적으로 남편과 아내가 될 준비가 되었는지 확인한다.

3. 호감이 가는 신체적 매력을 소유한 사람과 코트십을 시작한다.

결혼예식으로 본 가정
결혼식장에 가 보면 결혼예식에 다양한 절차가 있다는 것을 알게 됩니다. 신랑이 먼저 입장하고 신부는 나중에 입장합니다. 신부가 예식장 안으로 들어올 때는 신부 아버지의 손을 잡고 들어옵니다. 왜 신부의 아버지가 딸을 데리고 신랑에게 갈까요? 거꾸로 신랑의 아버지가 아들을 데리고 신부에게 가면 어떨까요?

이런 의식은 언제부터 시작되었을까요? 신부의 아버지가 딸을 데리고 신랑에게 가는 모습이 마치 태초에 하나님이 하와를 데리고 아담에게 가는 것을 연상시키지 않나요?

여호와 하나님이 아담에게서 취하신 그 갈빗대로 여자를 만드시고 그를 아담에게로 이끌어 오시니(창 2:23)

촛불은 왜 켤까요? 케이크는 왜 자를까요? 이스라엘 백성이 출애굽 이후 광야에 머무를 때 하나님은 성막을 짓도록 했습니다. 하나님이 직접 구체적으로 지시해 만든 것이 노아의 '방주'와 광야의 '성막'이었습니다. 방주와 성막은 많은 것을 상징합니다. 방주는 구원과 예수 그리스도를 상징합니다. 타락한 세상에서 하나님의 심판을 피할 수 있는 곳이 바로 방주입니다.

성막은 하나님의 임재를 상징합니다. 성막의 중심에는 성소와 지성소가 있습니다. 성소 안에는 금촛대(촛불), 진설병(떡상), 금향단(기도)이 있습니다. 지성소 안에는 언약궤와 십계명 돌판, 만나, 아론의 싹 난 지팡이가 있습니다. 제사장은 성막의 금촛대에 촛불을 밝히고, 떡상을 준비하며, 제단에서 가져온 불로 향단에 향기로운 불을 피웁니다.

촛불과 음식과 기도가 있는 곳이 바로 성막이며 성소입니다. 결혼식의 궁극적인 목적은 두 남녀가 만나 가정을 '성소'로 만들라는 뜻입니다. 성소의 가장 깊은 곳, 즉 안방은 하나님의 연합으로 거룩한 생명이 창조되는 지성소입니다. 결혼은 단순히 행복을 넘어 이처럼 '거룩한 성소'를 만드는 과정입니다.

맹세는 왜 할까요? 축복기도는 왜 할까요? 왜 모든 사람 앞에서 결혼할까요? 이제 두 남녀는 하나님과 사람들 앞에서 결혼했습니다. 하나님이 맺어 주신 것을 사람의 뜻으로 깰 수 없는 것이 결혼입니다. 인생의 어떤 어려움과 고난이 있더라도 성숙과 성화의 계기로 삼고 아름다운 하나님의 성소로 만들어야 합니다.

성, 하나님과 거룩한 연합

하나님의 이름은 함부로 부르지 못하게 되었습니다. 이것은 십계명의 제3계명 '너는 하나님 여호와의 이름을 망령되게 부르지 말라'라는 계명과 관련이 있습니다. 하나님의 이름은 히브리어로 네 글자, 즉 '요드(yod), 헤(he), 바브(vav), 헤(he)'로 나타내며 이것을 합해 '여호바' 또는 '여호와'라고 부릅니다.

하나님은 인간과 연합하기 위해 남자와 여자의 이름에 따로 나뉘어 들어가셨습니다. 하나님의 이름(요드-헤-바브-헤)은 이와 같이 네 글자로 구성되는데 흥미롭게도 히브리어로 '남자(ish)'의 이름에는 '요드(yod)'가 들어가며 '여자(isha)'의 이름에는 '헤(he)'가 들어갑니다. 하나님께서 인간, 즉 남자와 여자와 연합하기 위해 각각의 이름에 따로 분리해 들어갔으며 남자와 여자가 연합할 때 드디어 하나님의 이름이 완성됩니다.

흥미로운 사실은 남자와 여자의 이름에서 '요드(yod)'와 '헤(he)'를 없애면 고스란히 '에쉬(esh)'라는 단어가 남는데 이 단어는 '불(Fire)'을 뜻합니다. 남자와 여자 사이에 하나님이 계시지 않으면 불이 일어나 두 사람을 삼켜버릴 것입니다(탈무드 나쉼, 소타17a).

더 나아가 '자손'을 뜻하는 히브리어는 '바님(banim)'인데 여기에도 하나님의 이름 '요드(yod)'가 들어갑니다. '바님'과 같은 어근을 가진 단어는 '보님(bonim)'으로 '건설자들'이라는 뜻이 있습니다. 또한 '가정(베이트, bayith)'이라는 단어에도 '요드(yod)'라는 하나님 이름이 들어갑니다. 말하자면 남편과 아내가 자녀를 낳아 가정을 건설하는 모든 과정에 하나님의 이름이 들어가는 셈입니다.

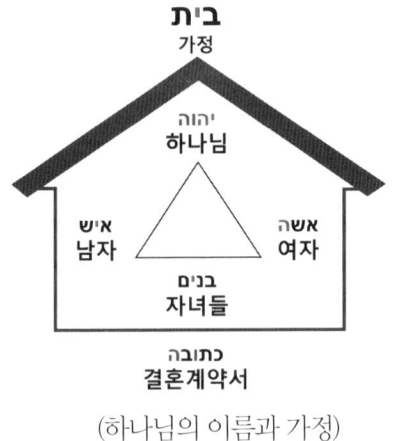

(하나님의 이름과 가정)

또한 결혼서약서, 즉 케투바(ketubah)에는 하나님의 이름 중에 '바브(vav)'와 '헤(he)'라는 글자가 들어갑니다. 말하자면 '남자(ish)', '여자(isha)'의 단어 안에 하나님의 이름 두 글자와 '케투바(ketubah)' 안에 하나님의 이름 두 글자가 들어가는 셈입니다. 따라서 결혼서약서(케투바)의 의미는 남편과 아내가 부부관계를 맺을 때 하나님과 연합해 창조 사역의 동역자가 되는 것을 뜻합니다. 남자와 여자가 만나 하나님과 하나 되는 것이 바로 결혼의 목적입니다.

결혼서약서(케투바, ketubah)

돈 터치(Don't Touch)

인간의 성이 이와 같이 위대한 생명 창조의 목적에 부합하기 위해서는 소중하게 다루어져야 합니다. 정말 소중하고 가치 있는 것이 있다면 어떻게 다루어야 할까요? 아마도 가장 깊은 곳에 숨겨 놓거나 가지고 다닐 때도 꼭꼭 싸매고 다녀야 할 것입니다. 다른 사람은 손도

대지 못하게 할 것입니다. 이것이 바로 '돈 터치(Don't Touch)'의 개념입니다.

유대인은 남녀 간의 육체적 접촉을 금기시합니다. 왜 남녀 간의 접촉을 이처럼 경계할까요? 십계명 중 제7계명 '간음하지 말라'를 지키기 위해서입니다. 또한 계명을 지키기 위해 '토라에 울타리를 치라'라는 개념과 맥을 같이합니다. 육체적 접촉 금지는 소중한 것을 보호하기 위해 울타리를 치는 행위와 같습니다. 신체 접촉이 위험한 단계에 이르기 전에 어디서부터 막아야 할까요? 키스일까요? 허깅일까요? 손을 어깨에 얹는 것일까요? 아니면 손을 잡는 것일까요? 손을 잡는 일부터 울타리를 쳐야 합니다.

토라에 울타리를 치는 것의 예를 들면 나실인의 계명과 같습니다. 나실인들은 포도주와 독주를 삼가야 합니다. 그런데 흥미로운 점은 성경에서 나실인들은 포도주가 되기 전의 포도 열매, 건포도, 포도 씨앗, 하물며 포도 껍질도 먹지 말라고 합니다. 포도주를 삼가는 율법을 지키기 위해 포도 껍질 단계에서부터 멀리하라는 것입니다.

신체 접촉을 금하는 시기는 크게 두 가지로 나뉩니다. 결혼 전의 금지와 결혼 후의 금지입니다. 결혼 전의 금지는 위와 같이 '토라의 울타리' 개념입니다. 따라서 남녀는 올바른 시기, 즉 결혼 이후에 육체적 친밀감을 이루어야 합니다.

인간의 타락은 성적인 타락과 깊은 연관이 있습니다. 이것은 구약성경의 노아 시대에 일어난 홍수 사건을 보면 알 수 있습니다. 인간의 죄악이 세상에 가득하게 된 것은 성적인 문란 때문이었습니다.

사람이 땅 위에 번성하기 시작할 때 그들에게서 딸들이 나니 하나님의 아들들이 사람의 딸들의 아름다움을 보고 자기들이 좋아하는 모든 여자를 아내로 삼는지라(창 6:1~2)

위의 성경 구절을 보면 이 세상에 사람이 많아지면서 생겨난 일이 다름 아닌 성적 타락입니다. 하나님의 자녀로 거룩하게 살아야 할 사람이 자신이 좋아하는 모든 여자를 성적 쾌락의 대상물로 여기게 된 것입니다. 이렇게 되면 영적으로 살아야 할 인간이 육적 또는 물질적으로 살게 됩니다.

여호와께서 이르시되 나의 영이 영원히 사람과 함께 하지 아니하

리니 이는 그들이 육신이 됨이라 그러나 그들의 날은 백이십 년이 되리라 하시니라(창 6:3)

하나님께서는 인간이 마음으로 생각하는 모든 일이 악한 것뿐이라고 생각하시며 사람을 창조하신 것을 한탄하시고 근심까지 하시며 결국에는 창조한 모든 인간을 이 땅에서 쓸어버릴 계획을 하십니다.

여호와께서 사람의 죄악이 세상에 가득함과 그의 마음으로 생각하는 모든 계획이 항상 악할 뿐임을 보시고 땅 위에 사람 지으셨음을 한탄하사 마음에 근심하시고 이르시되 내가 창조한 사람을 내가 지면에서 쓸어버리되 사람으로부터 가축과 기는 것과 공중의 새까지 그리하리니 이는 내가 그것들을 지었음을 한탄함이라 하시니라(창 6:5~7)

마찬가지로 인간이 죄로부터 떠나 하나님 앞에 거룩해지려면 성적으로 경건해져야 합니다. 홍수 사건에서 유일하게 하나님의 진노를 비켜간 노아는 어떠했을까요? 노아는 당대의 의인이요 완전한 자였으며 하나님과 동행했다고 합니다. 성적으로 타락한 세상 사람과 다르게 살았던 노아의 삶을 생각해 보면 미루어 짐작해 볼 수 있습니다.

그러나 노아는 여호와께 은혜를 입었더라 이것이 노아의 족보니라 노아는 의인이요 당대에 완전한 자라 그는 하나님과 동행하였으며 세 아들을 낳았으니 셈과 함과 야벳이라(창 6:8~10)

여기서 흥미로운 점은 세 아들의 이름을 기록한 것입니다. 이것은 노아 스스로가 의롭고 완전하고 하나님과 동행하는 것을 넘어 가정을 그렇게 만들었다는 사실입니다. 가정을 성소나 지성소로 만들기 위해서는 가족 모두가 성결하고 정결한 삶을 살아야 합니다. 아래에 열거하는 내용은 성적으로 거룩한 삶을 살기 위해 신앙인이 따르지 말아야 할 금기사항입니다.

성 윤리에 관한 성경 말씀: 레위기 18장

1 여호와께서 모세에게 말씀하여 이르시되

2 너는 이스라엘 자손에게 말하여 이르라 나는 여호와 너희의 하나님이니라

3 너희는 너희가 거주하던 애굽 땅의 풍속을 따르지 말며 내가 너희를 인도할 가나안 땅의 풍속과 규례도 행하지 말고

4 너희는 내 법도를 따르며 내 규례를 지켜 그대로 행하라 나는 너희의 하나님 여호와이니라

5 너희는 내 규례와 법도를 지키라 사람이 이를 행하면 그로 말미암아 살리라 나는 여호와이니라

6 각 사람은 자기의 살붙이를 가까이 하여 그의 하체를 범하지 말라 나는 여호와이니라

7 네 어머니의 하체는 곧 네 아버지의 하체이니 너는 범하지 말라 그는 네 어머니인즉 너는 그의 하체를 범하지 말지니라

8 너는 네 아버지의 아내의 하체를 범하지 말라 이는 네 아버지의 하체니라

9 너는 네 자매 곧 네 아버지의 딸이나 네 어머니의 딸이나 집에서나 다른 곳에서 출생하였음을 막론하고 그들의 하체를 범하지 말지니라

10 네 손녀나 네 외손녀의 하체를 범하지 말라 이는 네 하체니라

11 네 아버지의 아내가 네 아버지에게 낳은 딸은 네 누이니 너는 그의 하체를 범하지 말지니라

12 너는 네 고모의 하체를 범하지 말라 그는 네 아버지의 살붙이니라

13 너는 네 이모의 하체를 범하지 말라 그는 네 어머니의 살붙이니라

14 너는 네 아버지 형제의 아내를 가까이 하여 그의 하체를 범하

지 말라 그는 네 숙모니라

15 너는 네 며느리의 하체를 범하지 말라 그는 네 아들의 아내이니 그의 하체를 범하지 말지니라

16 너는 네 형제의 아내의 하체를 범하지 말라 이는 네 형제의 하체니라

17 너는 여인과 그 여인의 딸의 하체를 아울러 범하지 말며 또 그 여인의 손녀나 외손녀를 아울러 데려다가 그의 하체를 범하지 말라 그들은 그의 살붙이이니 이는 악행이니라

18 너는 아내가 생존할 동안에 그의 자매를 데려다가 그의 하체를 범하여 그로 질투하게 하지 말지니라

19 너는 여인이 월경으로 불결한 동안에 그에게 가까이 하여 그의 하체를 범하지 말지니라

20 너는 네 이웃의 아내와 동침하여 설정하므로 그 여자와 함께 자기를 더럽히지 말지니라

21 너는 결단코 자녀를 몰렉에게 주어 불로 통과하게 함으로 네 하나님의 이름을 욕되게 하지 말라 나는 여호와이니라

22 너는 여자와 동침함 같이 남자와 동침하지 말라 이는 가증한 일이니라

23 너는 짐승과 교합하여 자기를 더럽히지 말며 여자는 짐승 앞

에 서서 그것과 교접하지 말라 이는 문란한 일이니라

24 너희는 이 모든 일로 스스로 더럽히지 말라 내가 너희 앞에서 쫓아내는 족속들이 이 모든 일로 말미암아 더러워졌고

25 그 땅도 더러워졌으므로 내가 그 악으로 말미암아 벌하고 그 땅도 스스로 그 주민을 토하여 내느니라

26 그러므로 너희 곧 너희의 동족이나 혹은 너희 중에 거류하는 거류민이나 내 규례와 내 법도를 지키고 이런 가증한 일의 하나라도 행하지 말라

27 너희가 전에 있던 그 땅 주민이 이 모든 가증한 일을 행하였고 그 땅도 더러워졌느니라

28 너희도 더럽히면 그 땅이 너희가 있기 전 주민을 토함 같이 너희를 토할까 하노라

29 이 가증한 모든 일을 행하는 자는 그 백성 중에서 끊어지리라

30 그러므로 너희는 내 명령을 지키고 너희가 들어가기 전에 행하던 가증한 풍속을 하나라도 따름으로 스스로 더럽히지 말라 나는 너희의 하나님 여호와이니라

흥미로운 점은 결혼 이후에도 신체 접촉을 금할 때가 있습니다. 이것은 기본적으로 약 5일간 여성의 생리 기간에 부부관계를 하지 않

는 것입니다. 이 기간은 여성의 생리 기간으로 자궁이 세균감염에 더 취약해지며 정서적으로 어려움을 겪는 기간입니다. 성관계는 당연히 바람직하지 않습니다. 유대인의 경우 더 나아가 생리 기간 이후 7일간 신체 접촉을 하지 않습니다. 이것을 우리는 '니다(niddah) 정결법' 또는 '5+7의 법칙'이라고 부릅니다.

성경의 레위기에는 부정한 자가 만지는 모든 것이 부정하게 되는 법이 있습니다. 생리 기간에도 마찬가지로 여성이 만지는 모든 것이 부정하게 되므로 실제로 여성이 남성을 접촉하지 못하게 되어 있지만 반대로 남성도 여성을 접촉하면 안 됩니다.

회개(Teshuvah)의 필요성과 극복 훈련

성경적 성성교육을 알고 나면 곤란함을 느낄 때가 있습니다. 자신뿐만 아니라 자녀도 이미 대중문화와 포스트모더니즘 성교육에 영향을 받아 자위행위 등 경건하지 못한 삶을 살았는데 앞으로 어떻게 하면 좋을까요? 이 대목에서 우리는 회개의 필요성을 이야기할 필요가 있습니다.

하나님의 형상을 닮은 사람은 경건하고 거룩한 삶을 살기 위해 얼마나 많은 노력을 기울이는지 모릅니다. 하지만 사람들은 성적인 욕망을 극복하려고 애쓰지만 때때로 실패하곤 합니다. 그때 우리에게 필요한 것이 바로 회개입니다. 과거의 잘못을 반성하고 회개하고 자신을 돌이켜 하나님 앞으로 다시 나아가는 자세가 필요합니다.

그런즉 누구든지 그리스도 안에 있으면 새로운 피조물이라 이전 것은 지나갔으니 보라 새 것이 되었도다(고후 5:17)

이전 것을 뉘우치고 회개하고 다시 시작해야 합니다. 이 모든 것이 경건에 이르는 훈련입니다. 욕구를 극복하기 어려운 경우 자기 스스로 목표와 한계를 설정해 계획을 수립합니다. 또한 그런 욕구가 일어나는 행동 패턴을 분석해 그런 환경과 상황을 피하고 신앙심이 깊은 친구들과 자유롭게 토론하는 것을 권장합니다.

니다(Niddah) 정결법

앞에서 이야기한 것과 같이 결혼 이후에 행해지는 남녀의 접촉을 금하는 것을 '니다(Niddah) 정결법'이라고 합니다. 이것은 유대인의 부부생활이 노년기에 이르기까지 신혼생활처럼 유지하는 비밀이기도 합니다. 왜 이러한 금지가 부부생활에 활기와 행복을 불어넣

을까요? 여기에는 놀라운 원리가 담겨 있습니다.

우선 여성의 경우 생리적 정서적 불편함에서 회복되어 신체적 심리적 안정을 찾는 시기입니다. 생리 기간 이후 7일이 지나면 여성의 배란기가 시작됩니다. 임신 가능성이 가장 높은 가임기입니다. 아내가 남편과의 육체적 친밀감을 가장 갈망하는 시기이기도 합니다.

아내는 남편과의 연합을 위해 준비합니다. '미크바(Mikva)'라는 정결 목욕탕에 들어가 세 번 물에 잠그며 몸을 정결하게 합니다. 그뿐만 아니라 신체의 모든 불결한 부분을 제거하는 시기입니다. 육체의 정결함뿐만 아니라 마음과 영혼까지 정결하게 준비하는 시간입니다. 여성은 이 예식을 통해 신앙의 어머니인 사라와 리브가와 라헬까지 만납니다. 또한 에덴동산의 하와까지 올라가게 됩니다.

남성의 경우도 마찬가지입니다. 남편이 아내의 생리 기간과 정결 기간 모두 합해 12일 간 성 욕구를 참는다는 것은 매우 어려운 일입니다. 하지만 남편은 이 기간 금욕하며 인내하고 절제해야 합니다. 이렇게 아내와 남편이 정결하게 지켜내야 하는 시기이기 때문에 우리는 안방을 '지성소'라고까지 표현합니다.

5

연령별 성경적 성성교육

- 영유아기 성성교육
- 청소년기 성성교육
- 예비부부 성성교육
- 신혼부부 성성교육
- 중년부부 성성교육
- 노년부부 성성교육

– 이 장에서의 질문 –

- 영유아 성성교육의 주안점은 무엇인가?

- 왜 영유아기부터 '절제의 근육'을 키워야 하는가?

- 청소년 성성교육 '3R 캠페인'이란 무엇인가?

- 예비부부 성성교육에서 반드시 알아야 할 점은 무엇인가?

- 신혼부부 성성교육에서 남녀 성생활의 차이는 무엇인가?

- 중년부부 성성교육에서 섹스리스를 극복하는 방법은 무엇인가?

- 노년부부 성성교육에서 격대교육과 신앙교육이란 무엇인가?

- '위대한 가족의 사명'의 개념은 무엇인가?

5. 연령별 성경적 성성교육

성경적 성성교육은 남녀의 특성을 성경적 관점에서 이해하는 교육이며 모세의 십계명 중 제7계명인 '간음하지 말라'에서 유래되었다는 점에서 남녀의 윤리적인 관계를 내용으로 하는 교육이라 할 수 있습니다.

성성교육이라는 것은 개인의 성적 성장 발육을 돕고 그 성적 성장이 사회의 윤리, 도덕에 부합하는 원만한 인격을 갖추게 하며 스스로를 자연적, 사회적, 실존적 존재로서 온전하게 성숙시킴을 돕는 데 있습니다. 그러므로 성교육은 연령 변화에 따라 반복해서 그리고 일평생 계속되어야 하는 것입니다. 특히 인간 교육에서 유아기가 가장 중요한 것처럼 성성교육도 영유아기에 가장 중요한 교육의 의미가 설정되어야 합니다.

우리나라는 전통적으로 성에 관해 겉으로 드러내지 않는 것을 미덕으로 여기며 살아왔습니다. 그러나 최근 몇 년 사이 우리 사회에서 성 관련 문제들이 수면 위로 올라와 사회적으로 이목을 끄는 일이 많아지고 있습니다. 미투(Me Too), 성추행, 성폭력, 데이트 폭력, 동성애 등이 그러한 예입니다. 사회 곳곳에서 성 개방에 따른 성 정체성 혼란, 성 문화의 왜곡된 요인들이 발생하고 있습니다. 이러한 문제는 한 인간의 가치관 정립이나 자아 정체감 형성에 중요한 영향을 미치고 있습니다.

일부에서는 이러한 성 관련 문제를 최소화하기 위해 영유아기부터 예방적 차원의 적극적 성교육의 필요성을 제기하고 있습니다. 그러나 영유아기의 성교육은 발달 단계를 잘 이해하며 접근하지 않으면 오히려 더 큰 문제가 발생할 수 있습니다. 이 시기의 아이들은 어른들이 생각하는 것처럼 성적이고 에로틱한 것을 상상하거나 추구하지 않는 연령입니다.

그동안 성교육 하면 성에 관련된 지식 전달이나 성과학적 접근으로 남녀 생식기 구조와 신체의 기능 차이 등을 설명하는 것이 전부였습니다. 그러나 그것은 좁은 의미의 성교육입니다. 성교육은 성 지식의 전달에 그치지 않고 성 태도의 함양에 더 비중을 두어야 합니다.

남녀 양성이 결합해 이루어지는 가정생활, 사회생활의 여러 면을 자녀들이 자연스럽게 배우도록 함으로써 균형 있는 개인의 생리생활과 원만한 사회생활을 할 수 있는 인간을 양육함이 성교육의 궁극적 목적입니다.

이러한 목표를 이루기 위해 교육부(2018)에서는 2018년부터 국가 성교육 지도표준안을 만들어 어린이집과 유치원부터 초·중·고등학교 학생에 이르기까지 의무적 성교육을 진행하고 있습니다. 그러나 그 내용이 발달과 연령에 따라 적절하게 구성되었는지 지도 내용과 방법이 적절한지 살펴봐야 합니다.

기본적인 아동의 심리발달이나 연령이 고려되지 않은 내용은 오히려 부작용을 일으킬 수 있기 때문입니다. 이 책에서는 부모나 교사라면 기본적으로 알아야 할 인간의 발달 단계에 따른 성교육 방향을 다음과 같이 제시하고자 합니다.

1) 영유아기 성성교육

부모는 자녀가 성에 대해 바람직한 태도를 가질 수 있도록 발달을 잘 이해해야 합니다. 영유아기 성교육의 기본적인 개념과 성에 대한 올바른 자세와 태도는 인간으로서 행복한 삶을 살게 하는 데 기초가 됩니다. 또 남녀 신체적, 심리적, 생리적 차이에 대한 이해와 건전한 성의식과 태도는 건강한 사회적 관계 유지 및 인격체를 형성하는 근원이 되기 때문입니다.

영유아기 성교육이 가장 적절한 곳은 가정입니다. 즉, 부모가 성역할을 제대로 할 때 자녀들은 자연스럽게 성의 개념을 가질 수 있습니다. 아빠, 엄마가 자신의 성 역할을 제대로 수행하는 것을 통해 자녀는 성을 자연스럽게 학습하게 됩니다.

특별히 영유아는 자신과 타인을 직접 만져보고 물건을 입으로 가져가 느껴봄으로써 세상을 이해합니다. 따라서 이 시기에는 자신의 신체를 마음껏 만지고 탐색하며 상대방도 맘껏 만지게 해 주고 보호자 역시 아기와 충분히 스킨십을 해야 하는 시기입니다. 이렇게 주 양육자로부터 편안하고 안정된 스킨십과 보살핌을 받는 경험은 인간에 대한 신뢰감으로 형성되어 향후 성인이 되어 부부관계의 상호작용에 큰 영향을 미치게 됩니다.

아이를 위한 기도문

유대인은 아이가 태어나면 하나님의 말씀을 수놓은 강보에 싸는데, 이는 평생 하나님의 말씀 안에 거하라는 뜻입니다.

아이를 목욕시킬 때는 먼저 아이에게 "목욕시켜도 될까요?"라며 친절하게 허락을 구하고 엄마는 기도문을 외우며 목욕을 시킵니다. 아이는 평생 이런 기도문을 수천 번 듣고 자라게 됩니다.

◇ 머리를 감기면서: 하나님, 우리 아이의 머릿속에 지혜와 지식이 가득차게 하옵소서.

◇ 얼굴을 씻기면서: 하나님, 우리 아이 얼굴이 하늘을 바라보며 하늘의 소망을 갖고 자라게 하소서.

◇ 양치질을 해 주며: 하나님, 우리 아이의 입에서 나오는 모든 말이 축복의 말이 되게 하소서.

◇ 손을 씻기면서: 하나님, 우리 아이의 손이 기도하는 손이요, 사

람을 돕는 손이 되게 하소서.

◇ 발을 씻기면서: 하나님, 우리 아이의 발을 통해 온 민족이 먹고 살게 하소서.

◇ 가슴을 씻기면서: 하나님, 우리 아이 가슴에 나라와 민족을 사랑하는 마음을 주시고 오대양 육대주를 가슴에 품고 살게 하소서.

◇ 배를 씻기면서: 하나님, 우리 아이의 오장육부가 건강하고 튼튼하게 자라게 하소서.

◇ 등을 씻기면서: 하나님, 부모를 의지하지 않고 하나님을 의지하게 하소서.

◇ 성기관을 씻기면서: 하나님, 우리 아이가 결혼하는 날까지 순결을 지키며 하나님이 원하시는 가정을 이루고 축복의 자녀를 준비하게 하소서.

◇ 엉덩이를 씻기면서: 하나님, 교만하지 않고 겸손한 자리에 앉게 하소서.

영유아기 아이들은 자신의 모든 부위를 만지며 놉니다. 코나 귀나 머리를 만지고 자신의 성기도 만지며 신체 탐색 놀이를 하게 됩니다. 그런데 성인들은 유독 영유아가 자기 생식기를 만지면 '만지면 안 돼'라고 민감하게 반응합니다. 다른 신체 부위를 만지는 것은 허용하면서 생식기를 만질 때는 민감하게 반응하게 되면 오히려 아이들은 왜곡된 성 인식을 가질 수 있습니다. 성인들은 영유아기가 자신의 신체를 탐색하는 연령임을 알고 자연스럽게 지켜봐야 합니다.

성 정체성 인지

유아기가 되면 아이들은 자신의 근원적인 정체성에 관해 질문하기 시작합니다. 이때 영유아의 성에 대한 궁금증은 자신의 출생에서 시작됩니다. 아이가 질문하는 내용에서 정말로 궁금해하는 것이 무엇인지 정확하게 파악해야 합니다. '엄마 나 어떻게 태어났어?', '내가 어떻게 엄마 배 속에 들어갔어?', '엄마 배 속에 들어가기 전 나는 어디에 있었어?', '난 어디에 있다 엄마한테 왔어?' 이러한 질문은 성적, 육체적인 질문이 아니고 포괄적인 영적이고 근원적인 자신의 정체성에 관한 질문입니다.

이때 어른들은 당황하며 성과학적 지식으로 전달하려 할 것입니다. 그러나 이 방법은 매우 위험합니다. 아빠 생식기의 엄마 생식기 삽입 과정, 정자와 난자의 만남과 같은 내용을 인형이나 그림을 통해 상세하게 설명할 필요는 없습니다.

이 시기 아이들은 '지식'으로 이해할 수 없는 연령 단계입니다. 오히려 성과학적 대답은 실망스럽고 아이를 혼란스럽게 만듭니다. 아이는 훨씬 더 근원적인 것을 알고 싶어 합니다. 따라서 영혼을 위한 영적인 상상을 하며 느낄 수 있는 다음과 같은 동화는 아이들을 편안하게 하며 자신의 근원에 관한 질문에 답이 될 수 있습니다.

〈영유아 성성교육 동화〉

옛날에 한 아이가 하늘에서 살았어요. 이 아이는 땅 세상이 너무 궁금해서 날마다 구름 사이로 땅 세상을 구경했지요. 어느 날 하늘의 왕이 아이를 불렀어요.

"아이야, 땅 세상에 가고 싶으니?"

아이는 "네"라고 대답했어요. 그러나 하늘의 왕이 말했어요.

"내가 수호천사 2명과 함께 땅 세상에 내려 보내 줄 테니 언제든지 내가 부르면 다시 돌아와야 한단다."

하늘의 왕과 약속을 하고 수호천사와 함께 아이는 땅 세상으로 내려가기로 했어요. 한참을 가다가 구름 사이로 아래를 내려다 보았어요. 그때 하늘의 왕이 "저기 어여쁜 아주머니와 멋진 아저씨가 너의 엄마와 아빠란다" 하며 아이를 무지개 미끄럼틀을 태웠어요.

"네가 엄마 아빠 품속에서 행복하게 살다가 내가 다시 부르면 하늘로 올라와야 한다" 하며 엄마 아빠 품속에 아이를 쏙 넣어 주었어요.

아이는 무지개 미끄럼틀을 타고 내려와 커다란 꽃밭에 떨어졌어요. 그러고 한 달이 지나고, 두 달이 지나고, 석 달이 지나 아주머니의 배가 이만~~큼 불렀어요. 그러던 어느 날 어여쁜 아주머니가 꿈을 꾸었어요.

(각자 아이 태몽 이야기를 들려줍니다)

집채만큼 커다란 호랑이 한 마리가 집 앞을 서성이는데 그 옆에는 늑대가 호랑이를 지켜 주고 있었대요. 그런데 갑자기 코뿔소, 사슴, 얼룩말, 멧돼지 등 온갖 동물이 집으로 들어오려고 하자 커다란 호랑이가 그 동물을 모두 물리치고 아주머니의 집으로 들어와 편히 쉬었답니다.

꿈을 꾸고, 한 달이 지나고 두 달이 지나고 드디어 열 번째 달이 되었어요. "응애! 응애! 응애!" 하며 귀엽고 사랑스러운 한 아기가 태어났는데 그 아이의 이름은 바로 우리 ○○○이랍니다.

영유아가 자신의 출생을 궁금해할 때 간단한 이 동화 하나로 해결할 수 있습니다. 그 이상의 성과학적 지식은 필요하지 않습니다. 영유아에게 성교육을 한다고 성과학적 접근을 하게 되면 오히려 더 호기심이 생겨 금기하는 행동을 직접 해 보는 등 문제가 발생하기도 합니다.

부모는 어린 자녀가 성 관련 질문을 하거나 예상하지 못했던 성 관련 문제가 발생했을 때 매우 난처한 경우를 맞게 됩니다. 부모는 자녀가 성장함에 따라 발달에 따른 성에 관한 기본적인 이해를 갖고 '성은 사랑과 아름다움을 넘어 정결하고 거룩한 것'이라는 생각을 갖도록 일상적인 생활을 통해 보여 주어야 합니다.

가정에서 부모가 가르쳐 주지 않으면 우리 아이들은 여러 영상과 매체를 통해 왜곡된 성 지식을 얻을 수밖에 없습니다. 그러나 현실은 자녀를 위한 성교육 자료가 피상적이고 실효성이 없는 내용으로 구성되어 있거나 명확한 부모용 지침서가 미흡하다는 점이 문제입니다.

영유아기에는 가정에서 엄마 아빠의 건강하고 행복한 삶을 통해 성 역할을 배울 수 있습니다. 영유아기를 지나 초등학교 시기와 사춘기가 도래하면 더 많은 성과학적인 정보가 주어져야 합니다.

영유아 성성교육의 주안점

영유아기의 가장 대표적인 성성교육은 바로 부부간의 화목입니다. 엄마와 아빠가 행복하고 친밀하면 아이들은 성에 대해 건강한 의식을 갖게 됩니다. 부부관계가 불안하고 안정되지 못한 환경에서 자란 아이들은 성에 대해 편견과 옳지 못한 무의식을 갖게 됩니다. 어른이 되어서도 정서적으로 불안정한 상태를 오히려 익숙하게 여깁니다. 따라서 정서적으로 안정된 상태를 견디지 못해 역설적으로 불안한 상태를 만들기도 합니다. 어린 시절 정서적으로 안정된 가정을 경험하게 해야 하는 가장 큰 이유입니다.

'절제의 근육'을 키워라

영유아기의 올바른 성성교육을 위해 욕구를 절제하고 인내하는 연습이 필요합니다. 어떤 것을 갖고 싶어도 참고 기다리는 연습이 중요합니다. 이런 연습을 통해서 아이들은 만족지연효과를 얻을 수 있습니다. 예를 들면 아이가 장난감을 갖고 싶어 할 때 바로 사 주는 것보다 목표한 날짜를 정해서 사 주거나 아이가 부족한 예산을 가정에서 용돈 벌이를 통해 스스로 노력해서 구매 하게 하는 경우입니다.

유대인의 경우 어린아이도 대속죄일(욤키푸르, Yom Kippur)에 금식하는 전통이 있습니다. 왜 아이들에게 금식을 경험하도록 하는 것일까요? 배고픔이란 인간의 기본적 본능입니다. 이런 배고픔의 욕구를 통제하는 훈련은 나중에 어른이 되었을 때 성 욕구를 통제할 수 있는 일종의 '절제의 근육'을 키워 줍니다.

2) 청소년기 성성교육

청소년에게 왜 성교육을 해야 할까요? 이 질문에 사람들은 어떤 대답을 할까요? 교육부와 질병관리본부가 2018년 청소년 6만 40명을 대상으로 조사한 통계에 따르면 성관계 경험이 있다고 응답한 사람이 전체의 5.7%였다고 합니다. 또한 성관계 시작 평균 연령은 만 13.6세로 조사되었습니다.

〈사춘기 남학생의 신체 변화〉
-어깨가 넓어진다.
-얼굴에 수염이 자란다.

-정자의 생산이 시작된다.

-음경과 고환의 크기가 커진다.

-몽정을 경험할 수 있다.

-음경의 발기가 일어난다.

-사정이 발생할 수 있다.

〈사춘기 여학생의 신체 변화〉

-엉덩이가 커진다.

-난자의 생산이 시작된다.

-생리가 시작된다.

-가슴이 커진다.

〈사춘기 남녀 학생의 공통적 변화〉

-신장(키)이 커진다.

-여드름이 생기고 지성피부가 된다.

-변성기가 되어 목소리가 변한다.

-겨드랑이, 성기 부위, 다리에 털이 생긴다.

-땀샘이 발달한다.

-감정 변화가 심해진다.

－이성에 대해 관심, 호기심, 매력을 느낀다.
－우정이 중요해진다.
－외로움과 혼란의 감정이 생긴다.
－독립을 원한다.
－외모에 크게 관심을 갖는다.
출처: 〈친밀함과 성에 대하여〉, 요게벳 디바우

학자마다 약간 다른 견해를 가지고 있지만 청소년 기본법에 따르면 청소년은 9~24세 이하를 말합니다. 이 시기는 남자는 남자답게, 여자는 여자답게 성장하는 시기이며 실제로 성장을 마치는 시기입니다. 아동도 아니고 어른도 아닌 중간기로 어른처럼 행동하려는 경향이 강하게 나타납니다. 어른을 모방하는 행동이 나타나는데 한 예로 청소년 흡연의 절대 다수는 모방 심리에서 나오는 것입니다.

〈프로이트의 청소년기에 대한 심리적 접근〉

사실 생식기에 관한 프로이트의 언급은 그다지 많지 않다. 청소년기에 관해서는 오히려 프로이트의 딸인 안나 프로이트(Anna Freud, 1895~1982)가 아버지보다 더 자세히 언급하고 있다. 그는 청소년기의 방황과 혼란을 프로이트의 오이디푸스적 감정의 부활을 통해 설명하려 했다(Freud, 1936). 그리고 이 시기 청소년의 행동은 정상적이며, 독립하고자 하는 정신분석학적 이유에서 비롯된다고 보았다. 청소년기에 관한 안나 프로이트의 언급은 그와 같이 정신분석학을 통해 교류했던 에릭 에릭슨(Erik Erikson, 1902~1994)의 청소년기 자아 정체감 이론을 만드는 데 중요한 공헌을 했다.

출처: 심리 성적 발달 단계(심리학용어사전, 2014. 4.)

청소년기의 이해

프로이트에 따르면 인간은 구강기, 항문기, 남근기, 잠복기, 생식기로 발달하는데 잠복기의 안정성은 오래가지 못합니다. 곧 사춘기에 들어서기 때문입니다. 사춘기가 시작되면 성적 에너지가 다시 분출하는데, 남근기와 다른 점은 그러한 감정들을 현실에서 수행해 볼 만큼 성장했다는 점입니다(Freud, 1920/1965). 이제 부모에게서 독립해 성적 파트너를 발견하려 하며, 아버지와의 경쟁심 역시 버리고 아버지의 지배로부터 자유로워지고 싶어합니다. 이러한 특징이 두드러지게 표현되는 시기가 바로 청소년기입니다.

프로이트는 심리성적 발달 5단계 중 청소년기를 '생식기'라고 했습니다. 리비도가 성적 관심·충동에 집중되어 있습니다. 성관계도 이런 경향이 두드러지게 나타나게 됩니다. 또한 정신적 성장과 함께 세상을 바라보는 사회적인 시각도 넓어지게 됩니다.

어린 시절에는 부모님과 교사에게 교육을 받고 따르게 되지만 이 시기에는 이런 보호를 벗어나는 일탈의 시기로 보는 대로 따라 하고, 충동적인 생각과 행동을 하게 됩니다. 이에 따라 정확한 성교육이 필요하고 스스로 정체성을 갖게 하는 교육이 중요합니다.

이제는 10대 성관계를 쉬쉬하면 안 되고, 성관계 시작 연령이 낮아진 만큼 성교육이 절실히 필요하다고 말합니다. 그러면서 가르치는 것이 성관계 시 필요한 피임법입니다.

과연 이런 교육법이 옳은 것일까요? 이제는 어떻게 청소년 성교육을 하는 것이 맞는지 더 깊이 고민해야 할 때입니다. 청소년에게 성관계에 관한 기술과 방법을 가르쳐 주기 이전에 우리가 알아야 할 성이 무엇인지, 왜 성을 중요하게 다루어야 하는지를 조목조목 가르쳐야 합니다.

현재 사회적으로 성교육에 많은 부분을 할애하고 있지만 진정 필요한 부분을 교육하지 못하고 있습니다. 남녀의 차이를 교육하지 않고 있습니다. 분명 남자와 여자는 구조적으로 다릅니다. 성적 호르몬의 변화, 신체 구조, 뇌 구조와 기능, 인지 기능과 감정 표현, 행동 방식이 다르지만 이러한 부분을 교육하지 않고 있습니다.

일찍 성을 알면 불행한 결과로 이어진다는 임상 연구들이 있습니다. 헤리티지재단에서 발표한 자료에 따르면 미국 질병통제예방센터(CDC)후원으로 1995년 전국을 대상으로 15~44세 여성 1만 명을 조사한 적이 있습니다. 13~14세에 성교를 시작한 소녀들은 이후 평생 평균 13명 이상의 혼외 성 파트너를 두었고 파트너도 짧은 시간에 자주 바뀌었다는 것입니다.

반면 20세 초반에 성교를 시작한 여성은 평균 2.7명의 성 파트너를 두었다는 발표가 있었습니다. 건강의 위험은 물론이고 혼외 파트너가 5명 이상일 경우와 한 명의 파트너를 두었을 경우를 비교하면 파트너가 많을수록 이혼할 가능성이 7배로 커지고 낙태 가능성은 3배로 늘어나며 행복도는 56%에서 37%로 줄어든다고 합니다.

사회적으로 잘못된 교육과 참된 교육이 부재인 이때 왜 하나님께서는 우리에게 성을 선물로 주셨고, 이 성을 통해 무엇을 하기를 원하시는지, 또한 부부관계에서 누리는 기쁨의 비밀은 무엇인지를 알려 주는 원안 교육이 절실하게 필요합니다.

우정과 동성애

사람은 어려움이 닥쳤을 때 마음속 고민을 터놓고 이야기할 수 있는 친구를 찾게 됩니다. 진정한 친구란 사심 없이 나의 잘못을 바로잡아 줄 뿐 아니라 나이가 들어 심신이 약해졌을 때에도 아낌없이 정을 주고받으며 지지해 주는 사이라고 말할 수 있습니다.

우정이란 사전에 친구 사이의 정이라고 정의되어 있습니다. 참된 우정은 시간이 흐를수록 서로 깊이 신뢰하며 수평적 관계 안에서 서로 존중하는 마음으로 도움을 주고받을 수 있는 편안한 관계를 말합니다. 우정을 나눌 수 있는 진정한 친구 한 명만 있어도 성공한 인생이라고 합니다. 친구를 갖는다는 것은 또 하나의 인생을 갖는 것이라고 할 정도로 우정은 특별하고 소중한 것입니다.

특히 청소년기의 친구는 그 어떤 시기보다 가장 소중한 존재입니다. 청소년기의 친구 수는 자신이 가치 있고 주목받으며 사랑받고 있는 존재라는 것을 증명한다고 합니다. 무엇보다 소속감이 가장 중요한 시기이기 때문입니다. 그렇기 때문에 우정에 대한 왜곡된 시선이 생길 수 있는 시기이기도 합니다.

진심 어린 우정의 깊은 의미와 가치를 깨닫기 위해서는 거리낌 없이 서로 격려하고 지지하고 충고할 수 있는 우정이어야 합니다. 친구의 장점과 단점을 다 알고 있음에도 아무 조건 없이 이해하고 좋아해 주는 친구의 우정이 진실하고 참된 우정이라고 할 수 있습니다. 즉, 오래된 포도주가 진한 향을 내는 것처럼 오랫동안 나눌 수 있는 우정은 이 세상 그 무엇과도 바꿀 수 없는 소중한 것입니다. 진심 어린 마음으로 많은 세월 속에서도 가슴으로 가까움을 느끼며, 마음과 영혼과 정신까지 교감할 수 있다면 진정 축복받은 우정이라고 할 수 있습니다.

청소년기 남녀의 우정은 변질과 왜곡이 있을 수 있습니다. 어느 정도 서로의 마음을 알고 나누었을 때 육체적인 관계를 거절하는 것이 쉽지 않습니다. 여자 친구는 자신을 허용할 때 관계를 지속할 수 있고 거절하면 버림받게 될 것이라는 두려움에 거절하지 못하게 됩니다. 그러나 그것은 관계를 지속할 수 있는 방법이 절대 아닙니다.

　서로를 지키는 것이 더욱 건강한 관계를 이어갈 수 있는 방법임을 교육해야 합니다. 친구와 진심 어린 정을 주고받는 아름다운 우정이 왜곡된 또 하나의 형태로 나타나는 것이 동성애입니다.

　최근 우리 사회에 동성애를 바라보는 다양한 인식이 생겨나고 있습니다. 그중에는 동생애가 유전적 또는 선천적이라는 외국의 연구 결과를 그대로 인용돼 사용하고 있다는 데 문제가 있습니다. 인터넷을 통해 알려지는 편향된 정보는 동성애를 단순히 유전적인 것으로 인식하게 합니다.

　동성애는 사회학적으로 같은 성별을 지닌 사람들이 감정적, 성적 끌림으로 성관계를 맺는 것을 말합니다. 동성애는 'LGBT'라고 부르기도 하는데, 즉 남성 동성애자를 '게이', 여성 동성애자를 '레즈비언' 그리고 '양성애자'와 '성전환자'로 나뉩니다. 이러한 양상을 총칭해 '성적지향'이라고 부릅니다. 이처럼 같은 성을 가진 친구 사이의 정을 넘어 감정적, 성적 끌림으로 육체적 결합을 하는 것을 성경은 분명히 '죄'라고 지적합니다.

너는 여자와 동침함 같이 남자와 동침하지 말라 이는 가증한 일이니라(레 18:22)

누구든지 여인과 동침하듯 남자와 동침하면 둘 다 가증한 일을 행함인즉 반드시 죽일지니 자기의 피가 자기에게로 돌아가리라(레 20:13)

이 때문에 하나님께서 그들을 부끄러운 욕심에 내버려 두셨으니 곧 그들의 여자들도 순리대로 쓸 것을 바꾸어 역리로 쓰며 그와 같이 남자들도 순리대로 여자 쓰기를 버리고 서로 향하여 음욕이 불 일듯 하매 남자가 남자와 더불어 부끄러운 일을 행하여 그들의 그릇됨에 상당한 보응을 그들 자신이 받았느니라(롬 1:26~27)

불의한 자가 하나님의 나라를 유업으로 받지 못할 줄을 알지 못하느냐 미혹을 받지 말라 음행하는 자나 우상 숭배하는 자나 간음하는 자나 탐색하는 자나 남색하는 자나 도적이나 탐욕을 부리는 자나 술 취하는 자나 모욕하는 자나 속여 빼앗는 자들은 하나님의 나라를 유업으로 받지 못하리라(고전 6:9~10)

하나님은 동성애를 왜 그렇게 싫어하시고 저주하셨을까요? 인류 역사는 태초에 에덴동산에서 시작되었습니다. 하나님께서는 에덴동산에서 '남자와 여자를 창조하시고 그들이 창조 되던 날에 그들에게 복을 주시고 이르시되 그들의 이름을 사람이라 일컬으셨더라'(창 5:1~2)라고 분명하게 결혼의 모형을 보여 줍니다.

결혼에 대한 하나님의 기준은 한 남자와 한 여자가 결혼해 결합하는 것입니다. 창세기에 "하나님이 자기 형상 곧 하나님의 형상대로 사람을 창조하시되 남자와 여자를 창조하시고 하나님이 그들에게 복을 주시며 하나님이 그들에게 이르시되 생육하고 번성하여 땅에 충만하라 땅을 정복하라"(창 1:27)라고 명령하셨습니다. 분명한 것은 하나님께서 인간에게 주신 성이 인간의 쾌락적 도구나 문화생활의 일부가 아니라 인류의 생명 창조 사역에 위대한 목적이 있다는 것입니다.

따라서 결혼의 의미는 남녀가 결합해서 자녀를 낳되 많이 낳아 이 땅에 하나님의 거룩한 형상을 닮은 자를 충만하게 하라는 명령이 담겨 있는 것입니다. 그러나 동성끼리의 결혼을 통한 육체적 결합으로는 자녀 생산이 되지 않기 때문에 하나님의 창조 계획 실현에 역행하게 되므로 저주까지 하신 것입니다.

　동성애를 찬성하는 측에서는 인간에게는 사랑하는 사람과 결혼할 권리가 있음을 주장합니다. 또 인간의 평등권을 주장하며 동성부부도 이성부부와 동등한 권리를 누릴 자격이 있다고 주장합니다. 그 외에도 '차별 금지 원칙'을 주장하며 성적 지향을 이유로 차별 받으면 안 된다고 주장합니다.

　이들의 주장처럼 성적 지향을 존중하는 제도로 간다면 결혼의 중요성이 약화되어 책임감 없이 이혼이 만연하게 됩니다. 결혼이 별 것 아니며 내 맘에 들지 않으면 언제든지 파기할 수 있는 것으로 생각하게 됩니다. 그럼에도 이들은 이를 관철시키려 온갖 정치적 수단과 방법을 가리지 않고 공격적으로 행동하고 있습니다. 그러나 이러한 일들로 미래의 세대가 치러야 할 대가가 엄청나다는 것을 잊으면 안 됩니다.

　동성애를 반대하는 측에서는 사전적 의미와 종교적, 전통적 근거를 들고 있습니다. 사전적 의미로 결혼은 남녀 간에 하는 것이라고 분명하게 정의되어 있습니다. 또 종교적 교리나 종교적 신념, 특히 기독교에서는 "누구든지 여인과 교합하듯 남자와 교합하면 둘 다 가증한 일을 행함인즉 반드시 죽일지니"(레 20:13)라는 말씀과 "너는 여자와 교합함 같이 남자와 교합하지 말라 이는 가증한 일이니라"(레 18:22)라는 말씀을 근거로 동성애를 반대하고 있습니다. 또한 구약성경의 창세기와 사사기는 동성애가 초래하는 결과를 분명하게 보여줍니다.

청소년 성성교육의 주안점

청소년기에 성적 모험을 하는 이유는 교육의 부재가 큰 요인입니다. 열악한 교육 환경 속에서 청소년들은 스스로 호기심을 해결할 방법을 찾습니다. 그리고 친구, 미디어, 선배 등을 통해 잘못된 성을 받아들이게 됩니다. 성호르몬의 영향으로 육체적, 감정적, 지적인 측면에서 폭발적인 성장을 보이는 청소년기는 예측불허입니다. 준비되어 있지 않은 상태에서 충동적으로 성행동을 할 가능성이 있습니다. 그러기에 이때 잘 교육하는 것이 중요합니다.

청소년기에는 성관계에 따른 부작용이 있을 수 있습니다. 아이들은 성적 경험을 많이 할수록 더욱 쾌락적이 되며 성행위를 더 많이 하고 싶어하게 됩니다. 또한 한 명의 파트너가 아니라 여러 명의 파트너와도 관계를 하게 됩니다. 그에 따라 생활의 문란을 막을 수가 없게 됩니다. 이들의 관계는 건강한 관계가 아니기에 죄책감과 더불어 관계에 불안감이 많습니다. 환경적인 위험과 건강의 위험도 뒤따라옵니다. 임신과 청소년 성병, 에이즈의 위험에까지도 노출됩니다.

이제 성교육은 그저 원치 않는 임신을 막기 위한 피임법을 가르쳐 주는 일차원적인 성교육을 넘어 생명교육으로 나가야 합니다. 유대인은 부모가 아빠와 엄마의 정결한 준비 단계를 거쳐 신성한 생명이 탄생하고 거룩한 가정을 이루는 과정으로 성과 결혼, 임신과 출산의 의미를 몸소 가르칩니다. 우리도 성이 단순히 쾌락의 수단이 아니라 고귀한 생명을 창조하는 신성한 토대라는 것을 가르쳐야 합니다 (출처 : 심정섭(2016), 〈질문이 있는 식탁, 유대인 교육의 비밀〉, 예담프랜드).

유독 우리나라 아이들에게 사춘기가 심하게 찾아오는 이유는 무엇일까요? 부모와 친밀한 소통이 부재하기 때문일 것입니다. 식탁교육의 부재에서 사춘기가 심하게 찾아옵니다. 유대인은 식탁에서 인성교육, 성교육 등 모든 교육이 진행됩니다. 가장 중요한 성교육의 현장은 가정이 되어야 합니다.

욕을 하지 않아야 하는 이유

어른뿐만 아니라 청소년이 사용하는 속어, 은어, 욕 등은 성과 관련된 것이 대다수입니다. 그런데 대부분의 청소년이 욕의 실제 의미를 모르고 사용하는 경우가 많습니다. 교사나 부모가 아이들이 사용하는 욕을 설명해 줄 때 그 의미를 이해하고 자제하기도 합니다.

연구에 따르면 욕을 하는 이유는 25.7%가 '습관적으로', 18.2%가 '남들도 하니까', 17%가 '스트레스를 풀기 위해', 8.2%가 '남들이 만만하게 볼까 봐', 4.6%는 '누군가를 무시하거나 비웃기 위해서'라고 합니다. 어떤 경우를 막론하고 욕을 하거나 듣는 경우 일반적인 단어보다 4배나 더 기억에 남고 분노나 공포를 관장하는 감정의 뇌, 측두엽을 강하게 자극해 이성의 뇌, 전두엽의 활동을 막는다고 합니다.

욕의 피해자는 누구보다도 욕을 하는 자신입니다. 왜냐하면 쓰는 동시에 가장 먼저 듣고 보며 자신의 뇌에 가장 먼저 상처를 입히기 때문입니다. 화를 내며 욕을 할 때 나오는 호르몬이나 인체의 침전물을 수집해 쥐에게 주사한 실험에서 쥐가 바로 죽은 결과가 나왔습니다. 따라서 욕의 종류와 의미 그리고 욕이 미치는 부정적인 결과를 반드시 알려주어야 합니다. 다음은 어른뿐만 아니라 청소년도 자주 사용하는 욕과 의미입니다.

〈성과 관련된 욕의 사례〉

씨*! - '성관계'를 뜻하며 '엄마'를 뜻하는 '니 에미'란 말과 함께 쓰이기도 한다.

좆*! - '남성 음경의 발기'를 뜻하며 '씨*'이란 말과 함께 쓰이기도 한다.

까! - '남성 음경의 포피를 드러낸다'라는 뜻으로 '씨'이란 말과 함께 쓰이기도 한다.

*큐! - 외래어 'Fuck You'는 '성관계'를 뜻하며 '엄마'를 뜻하는 'Mother'와 함께 쓰이기도 한다.

*창! - '엄마'와 '창녀'를 합해 놓은 말이다.

개* 같다 - 개의 '성기' 같다는 뜻이다.

씹**야 - '성관계'를 뜻하는 '씹'과 자식을 뜻하는 '새끼'의 합성어이다.

씹***아 - '성관계'를 뜻하는 '씹'과 여자를 뜻하는 '년'의 합성어이다.

청소년 성교육, 3R 캠페인

결혼 전 소중한 성을 잘 지키기 위해 우리는 3R 캠페인을 펼치고 있습니다. 성관계는 올바른 사람(Right Person), 올바른 시간(Right Time), 올바른 장소(Right Place)에서 해야 한다는 것입니다.

이성 간에는 어떤 불필요한 접촉도 하지 말라는 것입니다. 심지어 악수조차도 하지 않는 것이 좋습니다. 그렇다면 "악수를 한다는 것 자체도 성적인 표현이 될 수 있는가" 하고 묻는다면 "그렇다"라고 말할 수 있습니다. 실제 어떤 여성은 남성과 악수할 때 불안을 느끼기도 한다는 것입니다. 왜냐하면 모든 사람의 성감대는 사람마다 다르기에 작은 신체 접촉도 아주 위험해질 수 있다는 것입니다.

언제 어디서든 이성 간의 위험한 상황이 올 수 있기에 자신과 타인을 보호하기 위해 안전장치를 마련하는 것이 중요합니다. 그렇기에 3R 캠페인을 통해 청소년들이 자신의 성을 3R로 지키도록 알려주고 있습니다.

올바른 사람(Right Person)

올바른 성관계의 대상은 결혼한 배우자여야 합니다. 결혼한 배우자와 연합할 때 온전히 하나님과 생명 창조의 거룩한 일에 동역할 수 있습니다. 하나님은 성관계의 대상으로 한 사람 이외에 다른 사람을 허락하지 않으십니다. 하나님 이외에 다른 신을 섬기는 우상숭배가 허락되지 않는 것과 같습니다.

올바른 시간(Right Time)

올바른 성관계의 시기는 결혼식 이후여야 합니다. 그렇지 않은 혼전 성관계는 살아가는 인생 내내 마음에 무거운 발자국을 남깁니다. 성욕구를 절제하지 못하는 사람은 결혼을 일찍 할 수 있습니다. 하지만 건강한 사회생활과 대인관계를 통해 성 욕구를 충분히 통제할 수 있습니다.

올바른 장소(Right Place)

올바른 성관계 장소는 가정이어야 합니다. 성관계의 장소는 안전한 보금자리인 가정의 안방이어야 합니다. 그렇지 않은 경우 불안감을 가질 수 있으며 온전한 기쁨을 누리지 못합니다. '성'은 아주 사적인 영역에서 다루어질 때 소중하고 귀한 것입니다.

3) 예비부부 성성교육

왜 결혼 전에 배워야 하나?

예전과 달리 요즘에는 많은 예비부부가 결혼 전에 부부 세미나나 워크숍에 참여해 결혼을 준비하는 모습을 흔하게 볼 수 있습니다. 사실 예비부부는 자신의 부모 이외에 어디서 올바른 부부관계나 화목한 가정 만들기에 대해 배워 본 적이 없습니다.

정통파 유대인들의 경우 고등학교를 졸업하면 의무적으로 예시바 종교학교에 진학해 최소한 1년 반에서 길게는 3~4년 동안 결혼, 부부관계, 가정생활에 관해 아주 상세하게 배웁니다. 우리나라에서도 이같이 결혼하기 전에 예비부부가 부부학교, 어머니학교, 아버지학교 등을 통해 올바른 부부관계나 가정생활을 배우는 것이 바람직합니다.

서로 다른 남성과 여성

최근 뇌과학 연구에 따르면 남성과 여성의 뇌량(腦梁)에 차이가 있다는 것이 밝혀졌습니다. 뇌량은 좌뇌와 우뇌를 연결하는 신경섬유다발로서 두 대뇌반구 사이의 정보를 교환하는 다리 역할을 합니다. 뇌량은 좌뇌에서 우뇌로 정보를 전달하므로 기억과 감각 경험 등에 중요한 역할을 합니다. 뇌량의 앞쪽은 운동 정보, 뒤쪽은 감각 정보, 가운데 부분은 청각 정보, 꼬리 부분은 시각 정보와 관계가 있다고 합니다.

남성은 뇌량의 신경섬유다발이 두껍고 짧게 연결되어 있으며 여성은 얇고 넓게 연결되어 있습니다. 결과적으로 남성은 한 가지 일에 몰입하는 성향이 강하고 여성은 여러 가지 일을 한꺼번에 처리할 수 있는 능력이 있다고 합니다. 남성은 좌뇌를 더 사용해 합리적이고 논리적으로 생각하는 것을 더 좋아합니다. 여성은 우뇌를 더 많이 사용해 감성적이고 종합적으로 생각하는 것을 더 좋아합니다.

남성은 또래집단에서 경쟁하며 권력을 차지하려고 애쓰는 반면 여성은 또래집단에서 협력하며 조화를 이루려고 애쓰는 경향이 있다고 합니다. 이렇게 남성과 여성이 다르다는 사실은 어느 쪽이 우월하다거나 다른 쪽이 열등하다는 편견을 만들 수도 있습니다. 하지만 여기서 서로 다름을 인정하고 배려할 줄 알아야 한다는 점이 더욱 중요합니다.

성경적인 관점에서도 남성과 여성은 많은 차이가 있습니다. 하나님께서 아담을 흙으로 만드시고 아담의 갈비뼈로 하와를 만드셨습니다. 만든 재료가 다르기 때문에 남자와 여자는 분명히 다릅니다. 남자는 강한 것 같지만 약합니다. 반대로 여자는 약한 것 같지만 강합니다.

남자는 흙으로 만들었기 때문에 자연 상태로 놔두면 물질로 향하는 성향이 있습니다. 남자는 가정을 건사하기 위해 밖에 나가 물질을 벌어옵니다. 그만큼 남자는 세상에서 성공하느라 분주합니다. 그렇기 때문에 유혹도 많이 받습니다. 돈, 권력, 성과 관련한 유혹도 많습니다. 그래서 남자는 더욱 '물질적'이라고 볼 수 있습니다.

여자는 뼈로 만들었기 때문에 남자보다 영적으로 더 강하다고 볼 수 있습니다. 사실 전통적인 남녀의 역할에서 여성이 세상을 더 멀찍이 떨어져서 객관적으로 볼 수 있습니다. 여성은 남성에 비해 감성이 풍부하고 직관력이 있어 영적으로 하나님과 더 가깝다고 볼 수 있습니다. 그래서 유대인의 경우 어머니가 유대인이면 자녀도 당연히 유대인으로 간주한다고 합니다.

남성과 여성의 역할도 다릅니다. 남성은 머리에 비유하고 여성은 목에 비유합니다. 남성이 가정의 머리 역할을 하지만 여성이 목을 움직여 주지 않으면 아무 것도 할 수 없습니다. 남성과 여성은 높고 낮음의 차이가 아니라 역할이 다르다고 볼 수 있습니다. 가정에서도 아빠는 주로 IQ(지능지수)를 담당한다면 엄마는 주로 EQ(감성지수)를 담당한다고 볼 수 있습니다(현용수(1996), 〈IQ는 아버지, EQ는 어머니의 몫이다〉, 국민일보).

자신의 '쓴 뿌리' 이해

결혼하기 전과 결혼 후의 사람이 완전히 다를 수 있습니다. 결혼 전에 서로를 위해 헌신하고 예절을 지키며 멋있고 아름다웠던 사람이 결혼 후에는 서로에게 무관심하고 무례하기까지 합니다. 왜 그럴까요? 결혼 전에는 결혼이라는 목표를 이루기 위해 완벽하다고 생각한 배우자를 위해 모든 희생을 치릅니다. 간과 쓸개는 물론 목숨까지도 내줄 듯이 사랑합니다. 그 사람을 놓치게 될까봐 노심초사하며 상대에게 최선을 다합니다.

하지만 결혼 후에는 마음이 달라집니다. 많은 사람 앞에서 결혼식을 하고 결혼서약을 합니다. 보금자리를 만들어 함께 삽니다. 그렇기 때문에 이제 배우자가 한순간에 도망갈 염려가 없습니다. 안정적으로 사랑을 고백할 수 있습니다. 그런데 이런 안정감이 문제가 됩니다. 이제 배우자를 위해 헌신과 애정 공세를 할 큰 이유를 찾지 못하는 겁니다. 점점 배우자를 허술하게 대하기 시작합니다. 그래서 달라졌다는 느낌을 받습니다.

서로 편안한 관계가 되었을 때 문제가 시작됩니다. 결혼 전에 올바른 남편과 아내의 역할을 배우지 못한 부부는 어떤 문제가 발생했을 때 합리적인 대화나 소통을 통해서 해결하지 못하고 자신의 부모에게 배운 그대로 행동합니다. 부모가 화목한 가정이라면 큰 문제가 되지 않습니다. 문제는 화목하지 못한 부모의 자녀들입니다. 이것을 쓴 뿌리의 악순환이라고 합니다. 따라서 예비부부는 자신의 부모와 조부모의 가정을 성찰해 볼 필요가 있습니다. 그렇지 않으면 이 악순환을 반복할 수 있기 때문입니다.

가정불화의 악순환 차단

사람은 자신에 관해 많이 안다고 하지만 사실 그렇지 않습니다. 결혼 이후에 남성이나 여성은 "왜 내가 결혼 전에는 상상할 수 없었던 것을 말하고 행할까?"라는 질문을 하게 됩니다. 실제로 많은 사람이 상상도 못 할 말을 배우자에게 하고 꿈에도 해 보지 못 한 행동으로 서로에게 상처를 줍니다. 이 모든 것이 어린 시절 부모와 가족에게 무의식적으로 배운 것들이 어떤 상황이 되면 자연스럽게 나오는 현상입니다.

가장 중요한 것은 그런 '나 자신'을 아는 것입니다. 소크라테스는 "너 자신을 알라"라고 했습니다. 사실 나 자신을 아는 것이 얼마나 어려운지 많은 세월이 지나고 나서야 알게 됩니다. 자신의 실체를 알게 되었을 때 많은 부분이 해결됩니다.

이제 부족한 것이 무엇인지 알게 된 자신은 그 부분을 해결하려고 노력하기 때문입니다. 자신의 부모와 가정환경에서 비롯된 쓴 뿌리가 있다는 것을 알고 악순환의 고리를 자신의 세대에서 차단한다는 결정을 해야 합니다.

결혼 전 대화법과 의사소통 기술

결혼을 준비하는 예비부부가 행복한 가정을 만들기 위해 결혼 전에 반드시 배워야 할 것이 있습니다. 그것은 서로 간의 대화법과 의사소통 기술입니다. 친밀한 관계를 유지하기 위해 서로 간의 말과 언어 표현이 얼마나 중요한지 모릅니다. 하나님께서 천지를 창조할 때

'말씀'으로 창조하셨습니다. 말은 세상을 창조하기도 하고 멸망하게도 합니다. 말은 빛을 만들기도 하고 어둠을 만들기도 합니다. 말은 사람을 살리기도 하고 죽이기도 합니다. 따라서 말하는 방법을 배운다는 것은 그 무엇보다도 중요합니다.

남자와 여자가 만나면 수많은 감정의 문제가 발생합니다. 특히 서로 다른 가정 문화 속에서 살아왔기 때문에 서로 이해하지 못할 상황이 많이 발생합니다. 성격과 기질이 다르고 언어표현 방법도 다르기 때문에 서로를 오해하며 기분이 상하는 경우가 많습니다. 남녀 간에 감정의 문제가 생겼을 때 흔히 저지르는 실수는 대화를 통해 해결하지 않고 육체적 친밀함으로 해결하려고 하는 것입니다. 이 같은 육체적 친밀함은 '가짜 친밀함'입니다.

남녀 간에 감정 문제가 생겼을 때 대화를 통해 서로를 이해하고 알아 가는 과정이 필요합니다. 대화법과 의사소통 기술을 통해 감정의 문제를 해결하는 훈련을 하면 성숙한 관계로 발전시킬 수 있습니다. 이렇게 성숙한 남녀가 결혼 후 육체적으로 결합할 때 친밀함의 정점에 이르게 됩니다. 이것이 부부간의 진정한 친밀함입니다. 그래서 육체적 친밀함을 갖기 전에 정서적 친밀함을 발전시키는 것이 하나의 숙제입니다.

하지만 많은 예비부부 중 그렇지 못한 경우가 많습니다. 왜 그럴까요? 그것은 대화법과 의사소통 기술을 한 번도 배워 본 적이 없기 때문입니다. 아래에 소개하는 대화법은 남녀 간의 감정 문제를 슬기롭게 해결할 수 있는 좋은 방법입니다. 이런 의사소통 기술을 배우면 부부간의 문제뿐만 아니라 나중에 자녀와 부모 사이에서 발생하는 수많은 감정의 문제도 해결할 수 있습니다.

수용화법의 비밀

수용화법은 상대를 있는 그대로 수용하는 것을 말합니다. 상대의 부족한 점을 이야기하면 훌륭한 대화를 할 수 없습니다. 왜 사람들은 상대의 부족한 점을 자꾸 말하게 될까요? 그것은 마음속으로 상대가 더 발전하고 성숙하기를 바라는 마음에서 비롯됩니다.

하지만 자꾸 그런 지적을 받는 상대는 오히려 기대하는 것과 반대 방향으로 가기 쉽습니다. 감정의 뇌 측두엽을 자극해 반발심이 생깁니다. 잔소리로 상대를 바로잡을 수 없습니다.

상대를 지적하는 대신 있는 그대로 받아 주는 것입니다. 상대를 그대로 수용하면 상대는 자기 스스로를 되돌아보게 됩니다. 생각의 뇌 전두엽을 쓰게 됩니다. 그리고 자신을 있는 그대로 받아 주는 상대를 위해 어떻게 하면 좋은 방향으로 갈지 생각한다고 합니다. 상대의 감정을 자극하지 않고 상대를 개선할 수 있는 좋은 방법입니다.

적극적 경청

사람은 대부분 자기중심적으로 살기 마련입니다. 그래서 자신의 생각과 느낌을 말하는 데 적극적이지만 상대를 이해하는 데 인색한 경향이 있습니다. 사람들은 자신의 말을 고스란히 잘 들어 줄 친구를 찾습니다. 적극적 경청은 흔히 반영적 경청이라고도 합니다. 마치 상대 앞에 거울을 놓은 것처럼 상대의 말을 반사합니다. 쉽게 말해서 상대의 말을 그대로 따라해 줍니다.

적극적 경청은 상대를 부정적으로 판단하거나 편견을 갖지 않고 긍정적으로 생각해 주며 적극적으로 들어 줍니다. 사실 '경청'이라는 말을 한자어로 풀어보면 '기울일 경'과 '들을 청'으로 구성되었습니다. 이것은 상대를 향해 몸을 기울여 적극적으로 듣는다는 의미입니다. 아래의 표현은 적극적인 경청에 아주 유용하게 쓰입니다.

첫 번째 단계: '상대 수용하기' 단계로 있는 그대로 받아들입니다. 여기에서 유용한 표현은 다음과 같습니다.

아이고 그랬구나!
네가 ~하게 되어서 힘들겠구나!
네가 ~당하게 되어서 괴로웠겠구나!
네가 ~하게 되어서 마음이 아팠겠구나!

두 번째 단계: '상황 이해하기' 단계로 상대방의 관점에서 이해해봅니다. 여기에서 유용한 표현은 다음과 같습니다.

그래서 그랬겠지!
네가 ~하게 되어서 그랬겠지!
네가 ~하게 되어서 그렇게 했겠지!
그렇게 ~하게 된 것이 충분히 이해가 되네!

세 번째 단계: '상황 감사하기' 단계로 위의 두 가지 표현에 이어 현재 상황을 감사하는 단계입니다. 여기에서 유용한 표현은 다음과 같습니다.

그래도 감사하네!

그래도 네가 ~하게 되어서 참으로 다행이네!

그래도 네가 ~하게 되어서 진심으로 감사하네!

그래도 네가 ~하게 되어서 ~하지 않았다는 게 천만 다행이네!

나 전달법(I-Message)

'나 전달법'은 상대를 비난하지 않고 나의 상황과 감정을 솔직하게 전달하는 것을 말합니다. 여기서 가장 중요한 것은 듣는 이의 마음을 불쾌하게 만들지 않고 자신의 감정을 잘 전달하는 일입니다. 또한 어떤 문제가 생겼을 때 바로 이 방법을 적용하기보다는 시간이 좀 경과하고 감정이 누그러졌을 때 사용하는 것이 더욱 바람직합니다.

나 전달법을 적용할 때 우선 상대에 대해 기분이 상한 자신의 마음을 진정시켜야 합니다. 그런 다음 차분하고 논리적으로 자신을 표현합니다. 나 전달법은 상대를 설득하거나 이기려고 게임을 하는 것이 아니라 최대한 자신의 생각과 감정을 상대에게 이해시키는 일입니다. 아래와 같은 단계는 나 전달법에 적용하는 데 큰 도움이 됩니다.

첫 번째 단계: '상대의 행동'을 표현하는 단계로 상대를 비난하

지 않고 사실적으로 표현한다.

　　내가 ~하고 있는데 당신이 ~하고 있어서!

　　여러 사람이 ~하고 있는데 당신이 ~하고 ~하는 것 같아서!

　　우리 부모님이 ~하고 있는데 당신이 ~하고 하는 것 같아서!

　두 번째 단계: '솔직한 감정'을 표현하는 단계로 자신에게 생겨난 감정을 구체적으로 표현한다.

　　내가 ~감정이 들었어요! (화난, 서운한, 무시당한, 속상한 등)

　　내게 ~한 느낌이 생겼어요!(답답한, 열 받는, 골치 아픈 등)

　세 번째 단계: '구체적 영향'을 표현하는 단계로 상대에게 앞으로 나타날 영향이나 가능성을 표현한다.

　　그렇게 되면 ~하게 될 것 같아요!

　　그렇게 되면 ~하게 될 것 같아 염려가 많이 돼요!

　　그렇게 되면 ~가게 될 것 같아 걱정이 많이 돼요!

칭찬 화법
　〈칭찬은 고래도 춤추게 한다〉라는 책이 큰 인기를 모은 적이 있습니다. 한국 사람처럼 타인을 칭찬하는 데 인색한 사람들이 또 있을까요? 타인을 칭찬하지 못하는 경향은 어떻게 생겼을까요? 이 모두가 경쟁교육의 폐해인지 모르겠습니다. 경쟁에서 살아남기 위해 남을 이겨야 하고 물리쳐야 하는 경쟁교육은 경쟁사회를 낳고 타인을 인정하고 존중하기 싫어하는 사회를 만들 수 있습니다. 경쟁으로 자아실현을 할 수 있을지는 몰라도 행복해지기는 쉽지 않습니다.

이제 우리는 행복해지기 위해 다른 선택을 해야 합니다. 그것은 타인을 인정하고 존중하고 칭찬하는 것입니다. 사람은 누구나 인정받고 싶은 욕구가 있습니다. 칭찬하지 않는 사회에서 조그만 칭찬이 친밀한 관계의 물꼬를 터 줍니다. 내 자신이 조금만 변하면 세상은 많이 달라집니다. '당신이 최고야!', '오늘 당신 너무 멋진 걸!' 이런 표현으로 대화를 시작하는 것입니다.

하지만 칭찬에도 주의해야 할 점이 있습니다. 왜냐하면 칭찬도 잘못하면 독이 될 수 있기 때문입니다. 어떨 때 칭찬이 독이 될까요? 상대를 공감하지 못하는 칭찬이 그렇습니다. 상대는 실제로 못했다고 느끼는데 그 감정을 공감해 주지 못하고 억지로 잘했다고 칭찬할 때가 그렇습니다. 칭찬 화법에서 주의해야 할 점은 다음과 같습니다.
-막연하게 하지 않고 구체적으로 칭찬합니다.

-단순히 결과만 말하지 않고 과정을 칭찬합니다.
-다른 사람들 앞에서 진심 어린 칭찬을 합니다.
-흔한 말로 하지 않고 특별한 표현으로 칭찬합니다.
-평소에 몰랐던 장점을 찾아서 칭찬합니다.

<자주 쓰면 좋은 말>

미안합니다. 고맙습니다. 사랑합니다.

미리 배우는 예비부부학교

하브루타예비부모연구소는 유대인의 가정과 교육을 연구하며 성경적 성성교육과정을 만들어 대한민국 교회와 학교에 보급하고 있습니다. 다음은 성경적 성성교육의 커리큘럼입니다.

예비부부학교 성성교육 커리큘럼

1. 성성교육의 이해

성교육과 성성교육의 차이점

성성교육의 개념과 포괄적 성교육을 이해한다.

2. 다양한 성교육 관점

전통적 성교육의 두 가지 관점

전통적 성교육의 두 가지 관점을 이해한다.

3. 성경적 성성교육

성경적 성성교육의 필요성

대안으로서 성경적 성성교육의 개념을 이해한다.

4. 연령별 성성교육

생애 주기별 성성교육의 필요성

생애 주기별 성성교육의 필요성을 이해한다.

5. 영유아기 성성교육

영유아기 성성교육의 내용

영유아기 성성교육의 핵심 내용을 이해한다.

6. 청소년기 성성교육

청소년기 성성교육의 내용

청소년기와 사춘기의 성성교육을 이해한다.

7. 예비부부 성성교육

예비부부 성성교육의 내용

예비부부를 위한 성성교육의 필요성을 이해한다.

8. 신혼부부 성성교육

신혼부부 성성교육의 내용

신혼부부를 위한 성성교육의 항목들을 터득한다.

9. 중년부부 성성교육

중년부부 성성교육의 내용

중년부부를 위한 성성교육의 유의점을 터득한다.

10. 노년부부 성성교육

노년부부 성성교육의 내용

노년부부를 위한 성성교육의 유의점을 터득한다.

4) 신혼부부 성성교육

성경적 '결혼'의 의미

성경은 "남자가 부모를 떠나 그의 아내와 합하여 둘이 한몸을 이룰지로다(창 2:24)"라고 말씀합니다. 가정을 이루는 것은 하나님의 거룩한 명령이며 창조의 섭리인 것을 알 수 있습니다. 우리는 이 일을 아주 거룩하게 여겨야 합니다. 결혼은 하나님의 창조 명령에 순종하는 것이며 하나님의 신비와 신성성을 알아 가는 최고의 시간입니다. 그러나 우리는 너무나 쉽게 만났다 헤어지고 거룩함을 지키지 못하고 있습니다.

우리는 결혼을 통해 하나님을 닮아 갑니다. 하나님 안에서 부부는 서로를 존경하고 존중하는 법을 배우고, 부모와 자녀는 질서를 알아 갑니다. 존경과 존중, 질서와 사랑을 배우며 하나님을 닮아 가는 것입니다. 즉, 가정은 하나님이 우리에게 주신 최고의 선물인 것입니다. 하나님이 주신 최고의 선물을 잘 간직하며 평생토록 잘 누려야 하는 것입니다.

남편과 아내의 역할

남자와 여자가 다름에 따라 남편과 아내의 역할이 다름을 이해해야 합니다. 여기서는 남편과 아내의 역할을 중심으로 이야기하겠습니다. 남편이 가져야 할 마음가짐 세 가지를 보면 다음과 같습니다.

첫째, 남편은 하나님의 목적, 계획, 뜻을 분명히 구하고 그분의 말씀대로 살기 위해 최선을 다해야 합니다. 가장의 영적인 상태가 가정의 영적인 상태를 좌우함을 기억하고 가정에서 예배와 말씀 연구 그리고 기도가 끊이지 않도록 이끌어야 합니다. 아내는 남편이 하나님을 찾고 하나님의 말씀대로 살기 위해 부단히 노력하는 모습을 보며 자연스럽게 남편의 권위에 순종하게 됩니다.

둘째, 남편은 아내를 자신보다 더 낫게 여기고 자신의 한 부분이며 생명의 신비를 품고 있는 존귀한 자임을 기억하며 깊이 사랑해야 합니다. 한 사람을 깊이 있게 사랑하는 것을 배운 남자는 진정한 인격체로 성장할 수 있습니다. 남편은 아내에게 정신적인 지지와 안정감을 주며 아내의 두려움과 불안, 염려를 살피며 소통을 잘할 줄 알아야 합니다. 그럴 때 아내는 혼자가 아니라는 사실과 존중받고 있음을 알게 됩니다.

셋째, 남편은 부부관계를 통해 아내를 충분히 아끼고 만족시켜 주어야 합니다. 육체의 연합을 통해 아내는 남편과 친밀함을 경험하게 되고 생명의 깊은 신비를 누리게 됩니다.

아내가 가져야 할 마음가짐도 세 가지로 살펴보겠습니다. 첫째, 아내는 어떤 상황에서도 남편을 존중하고 인정해 주어야 합니다. 남자는 사랑받는 것을 인정해 주고 존경해 주는 것에서 찾습니다. 아내는 남편을 하나님께서 세우신 가정의 리더임을 잊지 않아야 합니다. 남편을 통해 하나님이 일하시고 역사하심을 기억하며 어떤 상황에서도 남편을 존중하고 최종 결정권은 남편에게 있음을 기억해야 합니다.

둘째, 아내는 남편을 진심으로 사랑하고 기다려 줘야 합니다. 남편은 아내가 묵묵히 기다려 주고 사랑해 주고 있다는 것을 알게 되었을 때 아내에게 진심으로 고마워하며 가정을 잘 지키고 책임지기 위해 최선을 다할 것입니다.

셋째, 아내는 남편과 온전한 육체적 연합을 이룰 수 있도록 부부관계에 최선을 다해야 합니다. 그러기 위해서 우아한 모습을 유지하고 관리하기 위해 꾸준히 노력해야 할 것입니다.

〈여자의 3성〉

1) 성(성 性): 행복한 부부생활이 가능한 성

여성에 비해 남성이 성관계 욕구가 더 크다고 할 수 있습니다. 남성의 적절한 성관계 요구를 여성이 받아 주어야 합니다. 또한 아주 비정상적인 방법이 아닌 이상 서로 원하는 체위나 요구는 들어주는 것이 좋습니다.

부부관계의 횟수도 중요합니다. 탈무드는 직업에 따라 성관계 횟수를 제시하고 있습니다. 가령 멀리 고기잡이를 떠나는 뱃사람의 경우 6개월에 최소한 1회, 당나귀를 모는 직업을 가진 사람은 한 달에 최소한 1회이며 토라 학자의 경우 횟수 제한 없이 여러 번 해야 합니다.

어떤 사람은 부부가 화목해야 한다면서 일주일 중 '화요일'과 '목요일'에 부부관계를 해야 한다고 주장합니다. 부부의 행복과 애정은 친밀한 부부관계에서 옵니다. 섹스리스(Sexless)가 될 경우 결혼생활에 큰 위기가 올 수 있습니다. 따라서 남편이든 아내든 이 부분에서 각별하게 서로를 더 배려해야 합니다.

여자의 3성 자료: 김정완 이사(하브루타문화협회)

2) 성(소리 聲): 남편은 머리, 아내는 목(성대)

남편은 '머리', 아내는 '목', 자녀는 '몸'에 비유합니다. 언뜻 보기에 아내를 하대하는 것 같지만 그렇지 않습니다. 머리는 목이 받쳐 주지 않으면 아무 의미가 없으며 상하좌우로 움직일 수도 없습니다. 목이 머리의 중심과 방향을 잡아 줍니다.

목에는 성대가 있어 '소리'를 내거나 '말'을 하는 구실을 합니다. 아내의 말과 언행은 집안의 분위기를 결정합니다. 아내가 긍정적인 말을 하면 가정이 평화롭습니다. 그래서 아내는 친절, 존중, 인정, 칭찬 등의 말을 많이 해서 가정의 분위기를 평화롭게 만듭니다.

아내가 목의 역할을 잘 감당할 때 남편 즉 아빠와 자녀의 관계가 원활하게 됩니다. 아내가 남편에게 부정적인 말을 하게 되면 자녀는 아빠를 부정적으로 인식합니다. 마찬가지로 아내가 남편에게 긍정적인 말을 하면 자녀는 아빠를 긍정적으로 인식합니다. 아내는 남편과 자녀 사이에 사랑의 가교(Bridge) 역할을 하는 것입니다.

3) 성(거룩할 聖): 가정을 거룩하게 하는 성
여성은 남성보다 하나님의 모습을 더 닮았다고 합니다. 하나님의 본질은 '주는 자(The one who gives)'입니다. 하나님의 본질과 더 가까운 것이 여성, 다른 말로 '엄마'입니다. 어린아이는 하루에도 수천 번 엄마에게 요구(Demanding)를 합니다. 엄마의 모성애는 이것을 잘 감당합니다. 아빠는 이런 요구에 잘 부응하지 못합니다.

따라서 여성이 더 영적이라고 볼 수 있습니다. 신성이 여성에게 더 깃들어 있다는 의미입니다. 흥미로운 것은 교회나 종교단체에 가 보면 여성 성도가 더 많은 것을 볼 수 있습니다. 하나님과 더 가까이 지내는 여성의 성향을 잘 볼 수 있습니다.

가정에서도 여성은 더욱 영적인 모습을 보입니다. 왜 그럴까요? 본래 남성은 밖에 나가서 생활비를 벌어오는 경제적 책임을 담당했습니다. 그래서 '바깥양반'이라고도 불렀습니다. 바깥에 나가서 일하다 보니 유혹거리도 많습니다. 성경에도 하나님이 남자를 만들 때 흙으로 만드셨다고 합니다. 따라서 남성은 자연 상태에서 흙으로 향하는 경우가 많습니다. 물질을 대표하는 것이 바로 '흙'입니다.

하지만 모성애를 가진 엄마는 '주는 자'로서 육아에 전념하는 시기가 있습니다. 남편이 바깥에 나가면 세상적이고 물질적인 유혹이 많다면 아내는 모성애를 가지고 아이를 돌봐야 하기 때문에 더욱 영적인 관점에서 남편 또는 세상을 조명할 수 있습니다.

〈남자의 3성〉

1) 성(성 姓): 신앙의 가문을 이어가는 성씨

일반적으로 자녀는 아버지의 성을 따라갑니다. 아버지는 단순히 성을 물려주는 것이 아니라 하나님 자녀의 유전자(DNA)를 물려줘야 합니다. 따라서 신앙의 명문을 물려주는 것이 바로 위대한 '성씨'를 물려주는 것입니다.

조너선 에드워즈(Jonathean Edwards)와 마커스 슐츠(Marcus Schultz) 가문의 사례를 보면 잘 알 수 있습니다. 미국 뉴욕의 시교육위원회는 한 아버지의 영향이 후손에게 어떻게 영향을 미치는지 동시대의 경제적 조건이 같은 두 인물을 추적 조사했습니다. 조너선 에드워즈는 프린스턴대학교 설립자로서 미국 부흥운동을 일으킨 사람이었고 마커스 슐츠는 뉴욕의 한 술집을 경영해 거부가 되었습니다.

조너선 에드워즈는 늘 성경을 가까이 했으며 신앙의 전통을 자손에게 물려주었으나 마커스 슐츠는 성경을 멀리하고 신앙 따위에는 아랑곳하지 않았습니다. 조너선 에드워즈는 가정이 사랑으로 양육하는 최상의 학교라고 인식한 반면 마커스 슐츠는 의식주 기능만을 해결하는 일종의 하숙집 정도로 생각했습니다.

결과적으로 조너선 에드워즈의 가정은 5대에 걸쳐 896명의 자손을 남겼으며 그중에는 미국 부통령 1명, 상하원의원 4명, 대학총장 12명, 대학교수 65명, 의사 60명, 목사 100명, 군인 75명, 작가 85명, 판검사와 변호사 130명, 공무원 80명이 있었다고 합니다.

반면 마커스 슐츠 집안은 5대에 걸쳐 1,062명으로 번성했으나 자손 중에는 교도소에 수감된 사람 96명, 정신병자와 알코올의존자 58명, 창녀 65명, 영세민 286명, 고등교육을 못 받은 사람 460명이었다고 합니다.

2) 성(성곽 城): 가족을 든든하게 지켜 줄 울타리 성

가정에서 남편은 가족을 든든하게 지키는 울타리 또는 성곽 역할을 합니다. 이것은 단순히 외부로부터 침입자를 막는 역할이 아닙니다. 가정을 건사하기 위한 모든 노력이 포함됩니다. 바깥에 나가 일을 하고 재물을 벌어오는 것뿐만 아니라 가정을 따뜻한 보금자리로 만들어야 합니다.

흔히 아빠는 밖에 나가 생활비를 벌어오고 엄마는 자녀의 양육을 담당합니다. 그런데 아빠의 역할은 거기서 그치지 말아야 합니다. 가정에 돌아오면 육아에 지친 아내가 육아에서 해방되도록 자녀를 돌볼 줄 알아야 합니다. 그렇지 않고 육아와 교육을 온전히 아내 몫으로 맡기게 되면 나중에 성장한 자녀에게 '아빠가 해 준 것이 뭐가 있어요'라는 볼멘소리를 듣게 됩니다.

3) 성(거룩할 聖): 가정을 거룩하게 하는 성

아내뿐만 아니라 남편도 가정을 거룩하게 만들어야 할 역할이 있습니다. 자녀는 아버지의 등을 보고 자란다고 합니다. 아버지가 삶에서 실천하는 모습을 보고 성장한다는 의미입니다. 특히 아버지는 하나님 앞에 예배자로서 이웃을 사랑하고 신앙을 열심히 가르치는 사람이어야 합니다.

유대인의 3대 조상은 아브라함과 이삭과 야곱입니다. 아브라함은 '친절'과 '선행(Loving kindness)', 이삭은 '예배(Service)', 야곱은 '토라(Torah, 또는 성경)'를 상징한다고 합니다. 여기에는 아버지가 갖추어야 할 거룩한 신앙의 덕목을 모두 포함되어 있습니다. 아버지는 아브라함처럼 늘 자신의 주변을 돌아보고 친절을 베풀며, 이삭처럼 하나님 앞에서 예배자의 삶을 살고, 야곱처럼 성경을 가르쳐야 합니다.

특별히 유대인은 '야곱'을 국민의 아버지라고 부릅니다. 왜냐하면 다른 두 조상에 비해 자식 농사를 잘 지었기 때문이라고 합니다. 아브라함의 자녀는 이스마엘과 이삭으로, 현대에 이르기까지 원수가 되었으며 이삭의 자녀는 에서와 야곱으로, 지금도 대적하고 있습니다. 그러나 야곱의 자녀 열두 명은 결국 서로 화해하고 화합해 위대한 유대민족이 되었습니다.

꼭 알아야할 남녀 성생활의 차이

남녀 성(性)생활의 몇 가지 차이를 살펴보겠습니다. 정통파 유대인 랍비들은 부부관계 할 때 남녀가 절정에 이르는 시간의 차이가 있음을 지도합니다. 즉, 남자가 사정에 이르는 시간과 여성이 오르가슴에 이르는 시간이 서로 차이가 있음을 말합니다. 남편이 남녀의 절정에 이르는 시간 차이를 모른다면 아내가 흥분하기도 전에 먼저 성관계를 끝내 버리는 경우가 발생합니다.

왜 하나님은 남녀가 절정에 이르는 시간을 다르게 만드셨을까요? 대부분 남자는 부부관계를 시작한 지 1분~2분이 사정하고 싶은 욕구가 강하게 일어납니다. 반면 여자는 4분~6분이 소요되어야 오르가슴에 도달합니다. 여기에서 남녀가 약 3분의 시간 차이가 있습니다. 이를 어떻게 극복하느냐에 따라 성생활의 성패가 결정됩니다. 남편이 아내를 1분을 10분으로 모두 30분 정도 충분히 애무해주는 것으로 해결할 수 있습니다. 이 부분은 에덴동산에서 하나님의 창조 사역과 깊은 관련이 있습니다.

하나님이 에덴동산에서 아담을 먼저 창조하셨습니다. 아담을 창조하신 후 바로 사람이라고 부르지 않으셨습니다. 하나님은 아담을 만드시고 홀로 독처하는 것이 좋지 않아 짝을 지어 주셨습니다. 아내인 하와를 만들어 아담에게 데려온 후 그들에게 복 주시고는 사람이라고 부르셨습니다. 즉, 하나님은 결혼식 이후에야 아담을 사람이라고 부르셨습니다.

하나님이 사람을 창조하실 때 하나님의 모양대로 지으시되 남자와 여자를 창조하셨고 그들이 창조되던 날에 하나님이 그들에게 복을 주시고 그들의 이름을 사람이라 일컬으셨더라(창 5:1~2)

아담은 하와가 아니었으면 평생 사람으로 불리지 못했을 것입니다. 아담 자신을 사람다운 사람으로 만든 사람은 하와입니다. 아담은 하와에게 큰 선물을 받은 빚진 자입니다. 아담인 남편은 하와인 아내에게 자신을 사람 되게 한 은혜를 잊지 말아야 합니다. 그 고마움을 평생 아내에게 갚아야 하지 않겠습니까? 남편은 그 보답을 언제 어떻게 갚아야 할까요?

그 보답은 바로 부부관계 시 남녀 차이 3분의 간극, 즉 30분 동안의 충분한 스킨십과 전희로 서비스를 충분하게 해 주어 남녀 절정의 시간을 맞추는 것입니다. 그럴 때 두 사람 모두에게 완전한 하나 됨의 완벽한 즐거움을 맛 볼 수 있기 때문입니다. 성은 하나님이 결혼을 통해 부부로 맺어 주시고 세우신 가정에 주신 최고의 선물입니다.

성생활 전문가들은 만족스러운 부부관계를 위해서는 남편이 아내에게 성감과 흥분을 높이는 충분한 전희를 하도록 권합니다. 아내가 먼저 오르가슴에 이르도록 기다려 주고 배려해 줄 때 남편도 더 기쁘고 행복감을 만끽할 수 있다는 것이지요.

정통파 유대인은 아내가 오르가슴을 느끼지 못하게 하고 관계를 마치는 것을 강간으로 간주해 제7계명을 지키지 않은 것으로 여깁니다. 그래서 7계명을 지키기 위해 아내에게 충분히 애무를 해 주어야 한다는 당위성이 있습니다. 이러한 남녀의 절정 시간 차이를 이해한다면 행복하고 풍성한 부부관계를 영위할 수 있습니다.

부부가 완전한 하나가 되는 일은 남편이 아내에게 충분한 사랑의 서비스를 제공함으로 시작됩니다. 이것이 부부가 하나 됨의 비밀입니다.

육아 스트레스 극복과 부부 관계

남편의 의무 중 하나는 아내를 사랑하는 일입니다. 사랑하는 일에는 육체적 사랑과 정신적 사랑이 있습니다. 먼저 육체적 사랑에 관해 이야기 해봅시다. 자녀가 생긴 이후 여성은 육체적으로 지쳐 있는 경우가 많습니다. 집안일을 하며 아이를 돌봐야 하기에 24시간이 모자랄 수 있습니다. 자연스럽게 분주해진 여성은 어린아이를 재우다 아이와 함께 자는 일이 많아지게 됩니다.

이런 일이 반복되다 보면 부부 관계는 멀어지게 됩니다. 부부는 어린 자녀를 양육할 때는 당연한 일이라 생각하고 대수롭지 않게 생각합니다. 요즘엔 패밀리침대가 생겨 부부와 자녀가 한 침대를 사용하는 것을 화목한 가정의 모습으로 보기도 합니다. 그러나 자녀와 부부가 함께 자다 보면 부부의 은밀한 침실의 기능은 제 기능을 할 수 없게 됩니다.

남편이 집에 들어와서 할 일은 자녀들이 일찍 잠자리에 들도록 아내를 돕는 것입니다. 5세 이전의 어린 자녀를 둔 부모는 자녀가 저녁 8시에는 잠자리에 들도록 도와줘야 합니다. 7시 30분부터는 잠자리에 들 수 있게 준비시켜야 합니다. 씻기고 기도도 해 주고 베드타임 스토리 시간도 보내며 편안한 잠자리를 갖게 해야 합니다. 처음에는 안 되겠지만 될 때까지 반복하다 보면 아이들도 훈련될 것입니다.

5세 이후의 자녀를 둔 부모는 자녀가 9시부터 잠자리에 들 수 있도록 양치질을 하고 자기 책상도 정리하도록 도와야 합니다. 그 후에는 누워서 베드타임 스토리도 들려주고 기도도 해 주며 하루를 잘 보낸 것에 칭찬과 스킨십을 해 줍니다. 이후에는 혼자서 잘 수 있도록 잔잔한 음악을 틀어 주며 안정감 있는 분위기를 조성해 주면 좋습니다.

이 시간을 남편이 돕게 되면 아내는 자연스럽게 적어도 9시부터는 재충전 시간을 보내며 하루를 정리할 수 있습니다. 남편과 아내는 함께 차를 마시고 일상을 잠시 공유하며 힘들었던 일을 나누게 되고 스킨십을 통해 아내의 육체를 부드럽게 마사지해 줄 수 있게 됩니다. 부부는 집에서 가장 깊숙한 안방으로 함께 들어가 연합하게 되고 하나 됨을 경험하는 절정의 시간을 보내며 육체적 건강을 회복하게 됩니다.

정신적 사랑을 알아보겠습니다. 대부분은 일이 힘들어 직장을 그만둔다기보다는 정신적으로 힘들어 직장을 그만두는 경우가 훨씬 많습니다. 누군가의 사랑을 받고 정신적인 지지를 받고 있으면 아무리 힘들어도 힘들다는 이야기를 잘 하지 않습니다. 남편과 아내가 지치지 않고 가정생활을 잘할 수 있는 비결은 무엇일까요? 남편의 관점에서 본다면 육아의 많은 부분을 책임지고 있는 아내를 소중히 여기며 최대한 아내에게 부드럽게 대하고 다정스럽게 대하는 것이 필요합니다.

한국 남자들은 아내를 사랑하지만 사랑한다는 말을 하거나 부드럽고 따뜻한 말을 잘할 줄 모릅니다. 마음에는 가득하지만 표현하지 못해 오해를 사는 경우가 많습니다. 쑥스럽지만 이 부분도 노력한다면 바뀔 것입니다. 남편은 잠언 말씀을 인용해 아내에게 "덕행 있는 여자가 많으나 그대는 여러 여자보다 뛰어납니다." 라고 말하며 아내를 꼭 안아 주고 아내의 매일의 삶을 응원해 줘야 합니다.

또한 매주 식탁에서 자녀와 함께 아내와 어머니를 칭찬하는 노래를 부르며 아내를 기쁘게 해 줍니다. 이런 사랑과 감사의 감정이 공유되면 아내도 정신적으로 지쳐 있었던 부분이 회복되는 경험을 하게 됩니다. 남편의 정신적 지지와 사랑을 충분히 경험하게 되면 자녀들에게 흘러가는 관심과 사랑도 자연스럽게 커지게 됩니다. 즉, 남편의 사랑을 충분히 받은 아내는 자녀에게 흘려보낼 사랑도 많을 것입니다.

그 사랑을 받은 자녀는 상상할 수 없을 정도로 높은 자존감을 갖게 되고 또한 그 사랑을 주위에 많은 사람에게 나누어줄 것입니다. 아내 또한 수고한 남편이 돌아올 때 진심으로 안아 주고 응원해 준다면 남편의 고단한 일상은 눈녹듯이 녹을 것입니다.

이런 남편들은 집 문 앞에 설 때마다 가슴이 설렙니다. 그 이유는 초인종을 누르면 자녀와 아내가 두 팔 벌려 맞아 주기 때문입니다. 그 때의 기분은 말로 설명할 수 없는 기쁨입니다. 수많은 스트레스를 단번에 날려버리는 경험을 날마다 하고 있기에 얼마나 행복하고 감사한지 모릅니다.

연합과 분리의 비밀, 5 + 7의 법칙

창세기(4:1)에는 "아담이 그 아내 하와와 동침하매 하와가 임신하여 가인을 낳고"라는 구절이 나옵니다. 여기서 '동침'이라는 말은 히브리어로 '야다(yada)'에 해당하는 말로 '안다(to know)'라는 뜻입니다. 부부관계를 통한 육체적 연합 '동침' 또는 '성관계'는 '서로를 안다'라는 의미를 지닙니다.

왜 성경은 부부가 육체적으로 연합해 한몸이 되는 것을 '안다'라고 표현했을까요? 그것은 부부관계를 통해 내가 누구인지 즉, 남자인지 여자인지 성 정체성이 정확하게 밝혀지기 때문입니다. 아담과 하와는 최초의 동침을 통해 서로 다른 성 정체성을 확인했습니다. 동침 이전에 두 사람은 서로의 큰 차이를 이해하지 못했지만 동침 이후 서로를 깊이 이해했기 때문에 성경은 '안다'라고 표현한 것입니다.

한 남자가 거룩함 가운데 아내와 연합할 때 하나님의 임재가 임한다고 합니다. 하나님이 두 사람이 동침할 때 거하시는 이유는 무엇일까요? 그것은 부부의 동침 자체가 하나님이 원하시는 경건한 자손을 생산하는 거룩한 일이기 때문이며, 또 부부관계를 통해 성의 기쁨을 누릴 때 하나님도 기뻐하시기 때문입니다(현용수, 〈성경이 말하는 남과 여 한몸의 비밀〉, 2012, 도서출판 쉐마).

그외에도 부부관계의 연합 기능은 창조를 위한 운반수단과 남편과 아내를 하나로 묶어 주는 녹지 않는 강력한 사랑의 접착제 역할을 합니다. 그러므로 부부관계를 통한 사랑의 접착제는 힘들고 어려운 고난을 견딜 수 있는 힘을 줄 뿐 아니라 가정을 건강하게 보호하고 지키는 강력한 힘의 원천이 됩니다.

유대인은 성(性)을 음식에 비유합니다. 예를 들어 한국 음식인 불고기가 맛있다고 100일 동안 매일 먹으면 그 음식에 싫증이 나서 냄새도 맡고 싶지 않을 것입니다.

이와 마찬가지로 부부의 동침이 너무 좋은 나머지 100일 동안 쉬지 않고 부부관계를 한다면 음식에 질리듯이 배우자의 성에 대해서도 질리게 될 것입니다. 부부가 매일 아무런 제한 없이 과도하게 부부관계를 한다면 성생활의 만족도는 현저하게 저하되고 혐오하게 되며 권태기가 빨리 올 수 있다는 것입니다.

　유대인은 제7계명을 지켜 간음하지 않고 배우자와 평생 살기 위해 그리고 결혼생활이 지루하지 않고 항상 신혼 같은 삶을 살기 위해 연합과 분리의 균형을 이루며 살아갑니다.

　정통파 유대인은 연합과 분리의 균형을 이루기 위해 매달 12일 동안은 동안은 부부관계를 할 수 없는 날로 정했습니다. 여기서 12일이라는 것은 생리 기간 5일에 7일을 더한 것(부정한 기간, 레 15:19)을 말합니다. 생리 후 7일이 지난 후 미크바(Mikvah)에서 정결의식을 한 후 남편과 부부관계를 해야 하는 계명인 '니다(Nidah) 정결법'을 준수하고 있습니다.

　'니다(Nidah) 정결법'은 하나님이 이스라엘 백성에게 주신 것으로 하나님 앞에서 거룩하고 정결하고 성결해 세상 사람과 구별된 자로서 살도록 하기 위해서 주신 계명입니다. 여성에게 7일 동안 부정한 기간을 정하고 남편이 만지지 못하게 하고 부부관계도 금하는 것은 하나님께서 여성들을 생리 후 힘든 몸과 마음을 회복하고 보호하시기 위한 배려도 포함되어 있다고 합니다.

부부가 '5 + 7' 로 분리되는 동안 부부관계를 하지 않음으로 서로 그리워하고 사모하는 마음이 절정에 이르게 됩니다. 분리기간에 부부가 그날을 손꼽아 기다리게 되며 마음으로 상대방을 향한 애틋한 마음을 갖게 되므로 더 행복하고 만족스러운 부부생활을 즐길 수 있다고 합니다. 유대인이 평생을 신혼처럼 권태기 없이 행복하게 살 수 있는 비결은 바로 '5 + 7' 분리의 비밀입니다.

이렇게 숨겨진 분리의 비밀이 아내를 향한 남편의 사랑을 더 증폭시키는 것뿐 아니라 아내 역시 남편을 향한 사랑이 배가 되게 합니다. 이러한 '니다(Nidah) 정결법'은 남편과 아내가 한 달에 한 번씩 서로 분리기간을 보내면서 평생 신혼처럼 행복하고 달콤한 부부생활을 이어갈 수 있다는 것입니다.

흥미로운 사실은 현대의 산부인과 또는 불임클리닉에서 임신이 어려운 불임부부에게 권유하는 것이 일명 '니다 임신법'이라는 것입니다. 전문의들은 여성의 생리 기간 이후 7일 정도를 계산해 부부가 친밀한 시간을 보내도록 합니다.

5) 중년부부의 성성교육

중년에 경계해야 할 성공

마흔을 흔히 '불혹'의 나이라고 합니다. 마흔 이후 중년은 사물의 이치를 깨달아 세상일에 흔들리지 않고 누구의 유혹이나 감언이설에 잘 속지 않는 나이라는 것입니다. 중년이 되면 그동안 살아온 삶을 반추하게 됩니다.

지난 삶을 뒤돌아보면 성공의 기쁨과 실패의 절망감이 주마등처럼 지나갑니다. 또 가슴 한구석에 허무함과 고독이 엄습해 오는 심리적 아픔을 겪기도 합니다. 내가 잘 살고 있는 것인지, 지금 어디로 가고 있는지, 앞으로 어떻게 살아야 하는지 내면의 소리에 귀 기울이게 됩니다.

어느 누구도 세월 앞에는 장사가 없다고 합니다. 중년이 되면 청년의 젊음과 패기가 많이 줄어듭니다. 얼굴에는 주름살이 늘고, 피부는 생기가 없고, 머리카락은 푸석푸석하며 탈모가 생기기도 합니다. 또 신체적으로 질병을 얻어 고통 속에서 지내게 되는 경우도 많이 있습니다. 예기치 않았던 일들로 불안감과 심리적 위축감, 광야에서 혼자 있는 것 같은 외로움이 엄습해 옵니다. 이러한 중년의 모습을 성경은 다음과 같이 표현합니다.

그가 내 힘을 중도에 쇠약하게 하시며 내 날을 짧게 하셨도다 나의 말이 나의 하나님이여 나의 중년에 나를 데려가지 마옵소서 주의 연대는 대대에 무궁하니이다(시 102:23~24)

내가 말하기를 나의 중년에 스올의 문에 들어가고 나의 여생을 빼앗기게 되리라 하였도다(사 38:10)

중년에는 자기 분야에서 성공과 실패를 동시에 경험하는 시기입니다. 실패를 두려워하지만 성공 또한 경계해야 할 때입니다. 성공을 이루고 나서 자만해 '나는 이 분야에서 성공을 거두었기에 이 정도는 누릴 만하다' 라며 성공의 대가를 바란다면 돌이킬 수 없는 실수를 저지를 수도 있습니다. 그 대표적인 사례가 바로 다윗왕의 밧세바 간음사건입니다.

다윗은 어릴 적부터 많은 시련을 극복하며 성실하게 자랐습니다. 왕이 되어서도 백성에게 지혜로운 지도자로 인정받았습니다. 다윗은 왕이 된 초기에는 나라의 기강을 잡기 위해 긴장을 늦추지 않고 잘 통치했습니다. 그러나 나라가 부강해지고 태평성대의 시기가 오자 왕으로서의 절제력을 잃게 됩니다.

이스라엘과 암몬 사이에 전쟁이 일어났을 때의 일입니다. 이스라엘은 당시 최고 사령관인 요압을 앞세워 전쟁을 치렀습니다. 다윗은 얼마 지나지 않아 암몬과의 전쟁에서 이스라엘이 이겼다는 승전 소식을 듣게 됩니다. 그 소식을 들은 다윗은 승리의 기쁨에 취하게 됩니다.

사실 다윗이 암몬과의 전쟁에서 승리를 확신할 정도로 이스라엘 군대는 최강이었습니다. 그렇기 때문에 다윗은 직접 전쟁에 나가서 싸우지 않더라고 이긴 싸움이라고 자신했습니다. 그때 밧세바를 간음한 사건이 일어납니다.

그해가 돌아와 왕들이 출전할 때가 되매 다윗이 요압과 그에게 있는 그의 부하들과 온 이스라엘 군대를 보내니…암몬 자손을 멸하고… 다윗은 예루살렘에 그대로 있더라 저녁 때에 다윗이 그의 침상에서 일어나 왕궁 옥상에서 거닐다가 그곳에서 보니 한 여인이 목욕을 하는데 심히 아름다워 보이는지라(삼하 11:1~2)

> 다윗이 전령을 보내어 그 여자를 자기에게로 데려오게 하고 그 여자가 그 부정함을 깨끗하게 하였으므로 더불어 동침하매 그 여자가 자기 집으로 돌아가니라(삼상 11:4)

다윗은 전쟁의 승리에 취해 느긋하게 잠도 자고 마음이 무장 해제된 상태에서 궁전 옥상을 거닐다 밧세바가 목욕하는 장면을 보게 됩니다. 목욕하는 여인은 그를 성공의 시험대에 올렸습니다. 다윗은 왕으로서의 권력과 위계를 과시하며 그 여인을 불러 정욕을 채웁니다.

다윗은 자신의 성공을 경계하고 끓어오르는 정욕을 절제해야 할 중년이었습니다. 그러나 다윗은 절제하지 못했습니다. 하나님은 안중에도 없고 오직 자신의 사욕을 채우는 비열하고 탐욕스러운 권력자의 모습만 남았습니다.

다윗의 밧세바 간음사건은 형통할 때 조심해야 함을 보여 주는 사례라고 할 수 있습니다. 특히 뭔가 잘되어 갈 때, 일의 성과에 지경이 넓어지고 있을 때 조심해야 합니다. 중년기에는 여러 가지로 안정감을 가질 수 있는 시기입니다. 자녀는 성장해 돌봄이 줄어들고 가정적으로나 경제적, 사회적으로 여유가 생겨 마음이 느슨해질 수 있는 시기입니다. 이때 해이해지고 하나님을 향한 신실한 마음이 흐트러지면 쉽게 간음죄의 유혹을 받을 수 있습니다.

성적 욕구가 다른 남자와 여자

옛 우리 어머니들은 딸에게 '남자들은 다 도둑놈이기 때문에 누구도 믿으면 안 된다'라고 가르쳤습니다. 이러한 소리를 들은 여성들은 '왜 남자들은 여자만 보면 음흉한 생각을 하는지, 도대체 남자들을 이해할 수 없어'라고 생각합니다. 남자와 여자가 서로 다르기 때문에 나타나는 현상이라고 볼 수 있습니다. 남녀가 성적으로 어떻게 다르며 어떤 차이가 있는지 살펴보겠습니다.

남자가 여자를 볼 때 성적 충동이 생기는 이유는 무엇일까요? 왜 남자들은 야한 여자를 보면 사족을 못 쓸까요? 그것은 하나님이 남자를 그렇게 만드셨기 때문입니다. 남자는 시각적으로 쉽게 자극을 받도록 만들어졌기 때문입니다. 옛말에 '열 여자 마다할 남자 없다'라고 말할 정도로 남자들은 다다익선의 생각을 가지고 있습니다. 하나님이 남자에게 창조 때부터 종족 번성의 본능을 주셨기 때문입니다.

오해가 없기를 바라는 것은 요즘 우리 사회의 미투(Me Too) 운동이 남성의 정당성을 인정하고 여성의 유책을 주장하는 것은 절대 아니라는 점입니다. 남자의 정욕은 언제든지 절제가 가능합니다. 그것은 도덕성에 관한 문제입니다.

다만 여기서 강조하고자 하는 것은 남자와 여자의 성 욕구에 차이가 있다는 것입니다. 예를 들어 남자의 경우 성적 호르몬인 테스토스테론이 왕성하게 발산하는 사춘기에는 성인보다 20배 정도 높은 수치로 발산된다고 합니다. 반면 사춘기 소녀는 5배 정도로 남녀 차이가 큰 것을 볼 수 있습니다.

반면 하나님은 여자를 한 남자에게 순정을 바치고 그 남자에게 속해 사랑을 받으며 살고 싶어 하도록 창조하셨습니다. 여자는 한 남자에게 진정한 사랑을 받으면 다른 남자에게는 별 관심이 없습니다. 또 남자와 다르게 청각과 촉각의 자극을 받아야 성적 충동이 일어나고 남자보다 느리게 옵니다.

중년기 이후에는 남자의 성(性)기능이 저하됩니다. 부부관계에도 흥미가 떨어집니다. 이때 새로운 성적 파트너를 찾아 새로운 자극과 새로운 맛을 느껴 보고 싶은 꿈을 꾸기도 합니다. 또 세월이 흘러 나이 먹는 것이 아쉽고 청춘을 돌려놓고 싶은 조급한 마음으로 배우자 외에 다른 이성과 성 일탈을 시도하기도 합니다. '몰래 먹는 떡이 더 맛있다' 라며 배우자 몰래 외도를 즐기는 경우도 있습니다. 이때 다른 이성과 간음죄를 범한다면 하나님과 배우자로부터 돌이킬 수 없는 큰 어려움을 당할 수 있기 때문에 항상 조심해야 합니다.

중년기의 남녀 호르몬 변화

중년기의 부부관계는 매우 중요합니다. 남녀 모두 상대방의 호르몬 변화를 이해해야 합니다. 중년기에는 대부분 권태기가 시작됩니다. 그러므로 이 시기의 부부관계는 매우 중요합니다. 그것은 노년기까지 영향을 줄 수 있기 때문입니다. 남녀의 호르몬 차이를 알아보겠습니다.

여성은 태어날 때부터 400~500개 정도의 난자를 몸에 가지고 태어납니다. 성년이 되면 매달 난자가 좌우 나팔관에서 순차적으로 한 개씩 배출되므로 30~40년이 지나면 거의 완경기를 맞게 됩니다. 완경 후 여성은 호르몬 에스트로겐의 저하로 성적인 욕구가 줄어듭니다. 또 여성 호르몬 감소로 질 벽이 얇아지고 신축성이 줄어들어 부부관계를 할 때 고통을 호소하는 경우가 많습니다. 그외에도 우울증, 홍조, 정서불안, 분노, 격한 감정 등이 다양하게 나타납니다. 그러나 완경 이후 다수의 여성은 임신 불안감에서 해방되어 오히려 부부생활을 더 즐기기도 합니다.

이에 비해 남성은 중년 이후에도 고환에서 정자가 계속적으로 생성되기 때문에 나이 들어 90세가 되어도 생명이 다하는 날까지 성적인 욕구가 계속 존재합니다. 남성 호르몬의 변화로 정자 수가 줄거나 활동성이 저하되기도 하지만 성적 능력이 없어지는 것은 아니라는 것입니다.

중년기는 인생의 황금기입니다. 조금은 인생을 알고 세상을 알기에 여유를 갖고 안정감 속에서 배우자와 깊이 있는 대화가 가능한 시기입니다. 나이 들어 늙어가는 것을 서로 위로하며 관심과 애정의 눈으로 바라보며 노력한다면 아름답고 멋진 중년기를 장식할 수 있습니다.

여자의 자궁은 거룩한 성소

이 지구상에는 수많은 동물이 살고 있습니다. 결혼이라는 제도 안에서 육체적으로 성적인 연합을 통해 한몸을 이루는 것은 인간밖에 없습니다. 그리고 간음죄는 우리 인간에게만 해당합니다. 이유는 인간만이 하나님의 형상대로 지음을 받았기 때문입니다.

이러므로 남자가 부모를 떠나 그의 아내와 합하여 둘이 한몸을 이룰지로다(창 2:24)

하나님은 남녀가 한몸을 이루어 거룩한 가정을 이루게 하셨습니다. 그 안에서 주님이 함께 거하기를 원하시기 때문에 가정은 거룩한 성소인 것입니다. 그래서 부부 중 한 사람이 간음하면 거룩한 성전이 파괴되고 성전이 더럽혀져 하나님께 죄를 짓는 것입니다.

모든 사람은 결혼을 귀히 여기고 침소를 더럽히지 않게 하라 음행하는 자들과 간음하는 자들을 하나님이 심판하시리라(히 13:4)

또 바울은 부부가 한몸이 되는 것처럼 창녀와 합하는 자는 창녀의 지체가 되므로 음행을 강력하게 경계하라고 전합니다.

너희 몸이 그리스도의 지체인 줄을 알지 못하느냐 내가 그리스도의 지체를 가지고 창녀의 지체를 만들겠느냐 결코 그럴 수 없느니라 창녀와 합하는 자는 그와 한몸인 줄을 알지 못하느냐 일렀으되 둘이 한 육체가 된다 하셨나니(고전 6:15~16)

여인과 간음하는 자는 무지한 자라 이것을 행하는 자는 자기의 영혼을 망하게 하며 상함과 능욕을 받고 부끄러움을 씻을 수 없게 되나니 남편이 투기로 분노하여 원수 갚는 날에 용서하지 아니하고 어떤 보상도 받지 아니하며 많은 선물을 줄지라도 듣지 아니하리라(잠 6:32~35)

특히 여성의 신체 중 자궁은 남편의 씨를 받아 하나님의 형상을 닮은 경건한 자손을 잉태해 생산하는 가장 거룩한 기관입니다. 따라서 아내는 하나님이 짝지어 주신 남편 외에 다른 남자와 성관계를 하면 성소를 더럽히는 중한 죄를 짓는 것입니다.

현대사회는 포스트모더니즘의 영향으로 기존의 질서가 파괴되고 성적으로 자유분방하고 쾌락을 추구하는 사회가 되어버렸습니다. 성욕구와 쾌락에 너무 관대해지고 급진적으로 바뀌고 있습니다. 혼전성교, 혼외정사, 동성애, 다성애 등 성적 문란이 만연한 시대가 되었습니다.

아무리 사회가 음행과 관음증에 관대하더라도 신앙인은 하나님이 원하시는 성적인 순결을 지켜야 합니다. 우리의 몸을 성적으로 정결하게 가꾸는 것이 우리를 향한 하나님의 뜻입니다.

너희 몸은 너희가 하나님께로부터 받은 바 너희 가운데 계신 성령의 전인 줄을 알지 못하느냐 너희는 너희 자신의 것이 아니라 값으로 산 것이 되었으니(고전 6:19)

위 말씀처럼 우리의 몸은 '성령의 전'입니다. 성령의 전이라는 것은 성령께서 임재해 계시는 성전이며 하나님이 계신 곳이라는 뜻입니다.

중년의 '섹스리스' 이해

모든 부부는 사랑하는 사람과 검은 머리가 파뿌리 될 때까지 서로 변치 않고 사랑할 것을 약속하며 결혼합니다. 그러나 시간이 갈수록 젊은 날 사랑의 정열이 식고 부부관계도 시큰둥해지며 서로 데면데면해지기 쉽습니다. 그러다 어느 한쪽에서 외도라도 하면 결혼생활이 풍비박산되어 이혼으로 이어지거나 화해하고 용서하더라도 지울 수 없는 깊은 상처를 안고 평생 살아가게 됩니다.

섹스리스는 전문가마다 다르게 정의합니다. 섹스리스란 신체적으로 건강해 별 문제가 없음에도 최근 3개월 이상 월 1회 이하로 부부관계를 한 경우를 말합니다. 또 1년 동안 한 번도 부부관계를 하지 않은 경우를 섹스리스라고 정의하기도 합니다.

한국 부부 36%가 섹스리스인 국가로 경제협력개발기구(OECD) 회원국 중 2위로 조사되었습니다. 유독 한국 부부 중에 섹스리스가 많은 이유는 무엇일까요? 분주한 삶 속에서 직장일이 힘들고 일상생활에 지쳐 있기 때문일까요? 부부생활을 기피하는 대부분의 부부는 상대방이 상처를 받을까 봐 여러 이유를 둘러댑니다.

중년기는 인생의 황금기이기도 하지만 부부관계에서도 절정의 시기입니다. 또 부부관계를 통해 몸과 마음의 일치로 정서적 안정감과 편안함을 충분히 누릴 수 있는 시기입니다. 중년기에는 부부관계를 매개로 서로 깊은 신뢰와 사랑을 적립해 두어야 하는 시기입니다.

중년기 이후 노년기 삶에 지대한 영향을 주기 때문입니다. 이렇게 중년기가 부부관계를 통해 충분히 즐기고 최고의 행복감을 맛볼 수 있는 절호의 기회임에도 섹스리스가 증가하는 이유는 무엇일까요?

먼저 남성이 아내와의 섹스를 기피하는 심리를 살펴보고자 합니다. 누가 봐도 예쁘고 매력적인 여성과 결혼했음에도 얼마 지나지 않아 애정이 식었다는 남성이 많이 있습니다. 아름답고 예쁜 여성임을 다 아는데도 부부관계의 욕구가 일어나지 않아 여러 가지 이유로 아내와의 부부관계를 피합니다.

여성으로서의 매력이 충분한 아내를 두었음에도 남성들이 밖에 나가 자기 아내보다 훨씬 못한 여성과 외도를 한다는 것입니다. 보통 사람이라면 처다보지도 않을 것 같은 까칠한 성격의 여성과 외도를 합니다. 남녀 섹스리스의 원인을 살펴보면 다음과 같습니다.

부부 갈등의 원인으로 남녀 모두 성격 차이와 경제적인 문제를 들었습니다. 남성은 남편을 무시하는 아내의 언행, 미숙한 살림살이, 시부모에 대한 불평불만, 시댁을 욕하는 태도 등이 갈등의 원인이며 부부관계까지 흥미를 잃게 하는 원인이라는 것입니다.

여성은 부부갈등의 원인으로 남편의 가부장적인 사고방식, 강압적이고 폭력적인 태도, 아내의 정서나 감정에 무관심, 외도, 마마보이 기질 등을 부부갈등의 원인으로 꼽았습니다. 그 외에도 맞벌이와 육아 문제, 가사노동, 남편의 퉁명스럽고 자상하지 못한 성격, 결혼의 기대감 상실 등이 부부관계의 흥미를 감소시키는 요인으로 나타났습니다. 또 경제적 어려움, 시집과 갈등 속에서 남편의 미숙한 중재자의 역할 등이 섹스리스로 이어지는 요인이라는 것입니다.

이처럼 중년의 섹스리스 문제는 부부에게 주어진 여러 가지 역할 갈등과 감정적 갈등 때문이라고 볼 수 있습니다. 이를 해결하기 위해서는 충분한 대화가 요구됩니다. 대화를 통해 아내는 남편을 이해하고 남편은 아내를 이해할 때 부부관계의 친밀함은 회복될 수 있을 것입니다.

아내에게 주어지는 육아, 가사노동, 자녀교육, 맞벌이 등 과중한 업무 부담을 줄여 주거나 부부가 함께 나누는 것도 좋은 방법입니다. 또 남편은 경제 활동에만 치우친 이기적 사고에서 벗어나 아내를 이해해 주고 정서적 지지자가 되어 줄 뿐만 아니라 부부간의 원만한 소통과 함께 서로 친밀감을 높일 수 있는 다양한 방법을 강구할 때 해결

될 수 있을 것입니다.

그 외에도 우리나라의 중년의 심각한 섹스리스의 해결을 위해 유대인 성생활의 비밀 '5+7'의 법칙을 권합니다. 어렵다면 '5+2' 정도라도 연합과 분리의 실천을 권장합니다. 유대인은 섹스리스 없이 평생을 신혼처럼 행복하게 살며 생육하고 번성하라는 하나님의 계명을 지키기 위해 결혼 전 성성교육을 철저히 합니다. 이 비밀을 알고 실천한다면 섹스리스 없이 유대인처럼 평생을 신혼처럼 행복하게 살 수 있을 것입니다.

성경적 '성숙'의 의미

성경적 '성숙'의 의미는 무엇일까요? '성숙'의 사전적 의미는 누구 또는 무엇에서, 어떤 특성이 단계를 거쳐 일반적으로 기대되는 정도에 다다름으로 정의되고 있습니다. 또 '사람이 나이를 먹어 어른스럽게 됨'이라는 의미로도 해석되고 있습니다. '성숙'하다는 것은 사고의 시선이 바뀐다는 것을 의미하기도 합니다.

사도 바울은 성경에서 "오직 사랑 안에서 참된 것을 하여 범사에 그에게까지 자랄지라 그는 머리니 곧 그리스도라"(엡 4:15)라고 성경적 성숙의 목표점을 제시합니다. 그러면 어떻게 해야 성경적 성숙을 이룰 수 있을까요? 주님이 십자가의 고난을 지신 것처럼 우리도 고난을 당하는 자가 되어야 성숙으로 나아갈 수 있습니다. 성숙한 사람은 고난에 굴하지 않고 두려워하거나 피하지 않습니다. 오히려 고난을 감사로 받아들입니다. 또 예수님도 우리를 위해 고난을 당하셨던 것처럼 우리도 주를 섬기다가 고난당하는 것을 당연하게 받아들이게 된다는 것입니다.

많은 그리스도인이 성경적으로 성숙하지 못하는 이유는 예수님 사랑 안에 머물고 쉬는 법을 배우지 못했기 때문입니다. 씹을 수 있는 단단한 음식을 먹는 것이 아니라, 아기처럼 엄마 젖이 필요한 수준에 머물러 있기 때문입니다. 이런 사람들은 성장하는 과정에서 부딪히는 여러 가지 고난과 어려움을 극복하는 대신, 눈앞의 어려운 난제를 극복하지 못하고 함몰되고 맙니다.

그렇다면 '성숙' 해지기 위해 주님 안에서 어떻게 해야 할까요? 방법은 계속해서 주님 앞에 나아가 예배하고 그분을 경외하며 묵상하는 법을 배워야 합니다. 하나님과 늘 함께하고 이웃에게 사랑을 몸소 행할 때 성경적 성숙의 단계에 이를 수 있습니다.

중년 아버지의 역할

아버지의 역할과 자녀교육을 성경적으로 설명해 주는 것이 바로 '쉐마교육'입니다. 유대인 아버지는 이 목표를 이루기 위해 자녀가 어릴 때부터 직접 토라와 쉐마를 가르칩니다.

이스라엘아 들으라 우리 하나님 여호와는 오직 유일한 여호와이시니 너는 마음을 다하고 뜻을 다하고 힘을 다하여 네 하나님 여호와를 사랑하라 오늘 내가 네게 명하는 이 말씀을 너는 마음에 새기고 네 자녀에게 부지런히 가르치며 집에 앉았을 때에든지 길을 갈 때에든지 누워 있을 때에든지 일어날 때에든지 이 말씀을 강론할 것이며 너는 또 그것을 네 손목에 매어 기호를 삼으며 네 미간에 붙여 표로 삼고 또 네 집 문설주와 바깥 문에 기록할지니라(신 6:4~9)

여기서 '강론(講論)'의 한자적인 의미는 '가르치고 토론'하라 입니다. 여기서 '강론하라'는 '그것에 대해 말하라, 이야기 나누라'라는 뜻을 내포하고 있습니다. 유대인 아버지는 아버지의 역할을 다하기 위해 식탁 밥상머리에서 잠들기 전 침대에서 때를 얻든지 못 얻든지 자녀들에게 쉐마를 끊임없이 지도합니다.

아버지는 가정의 머리입니다. 아버지는 하나님을 대신해 가정에서 자녀들을 말씀으로 가르치고 양육하는 제사장으로서의 역할을 하도록 지음 받았습니다. 아버지는 사상, 힘, 권위의 상징이며 지식(IQ)과 사상의 영역을 담당하고 자녀에게 토라의 사상을 전수합니다. 자녀는 아버지의 사상을 본받습니다.

이렇게 아버지는 가장으로서의 책임뿐만 아니라 영적으로 가족을 인도해야 하는 제사장으로서의 책임이 있기 때문에 그 자리는 더 엄숙하고 중요한 자리입니다. 아버지로서, 남편으로서 가정을 이끌어 나가야 하는 제사장으로서 이중 삼중의 역할을 해내야 합니다.

아버지는 히브리어에서 '아바', 즉 가족 관계에서 아버지를 가리킵니다. 그 의미는 가정 내에서 네 가지 역할을 말하며 그 내용은 다음과 같습니다. 첫째는 공급자 역할입니다. 아내와 자녀에게 일용할 양식을 공급할 경제적인 능력이 있어야 합니다. 아버지는 부지런하여 게으르지 않고 열심히 노동해 식구들의 의식주를 해결해 주는 역할을 합니다.

둘째는 보호자 역할입니다. 가족을 외부의 위험으로부터 보호할 힘이 있어야 합니다. 아버지의 폭력으로 생명과 안전에 위협을 느끼는 자녀들이 있습니다. 이런 환경은 아이들의 정서에 큰 영향을 미치며 성인이 될 때까지 아픈 추억으로 남습니다. 아버지는 가정을 지키는 든든한 울타리 역할을 해야 합니다.

셋째는 인도자 역할입니다. 자녀를 옳은 길로 인도해 주는 역할입니다. 마지막으로 교육자 또는 훈계자 역할입니다. 자녀가 하나님의 형상을 닮도록 교육하는 역할입니다. 이상으로 아버지는 네 가지 역할을 감당해야 할 중요한 의무가 있습니다. 중요한 것은 아버지의 존재는 가정이 하나님의 성전임을 알고 그 안에서 의미를 찾아야 한다는 것입니다.

중년 어머니의 역할

유대인 속담에 '하나님은 모든 곳에 있을 수가 없어서 어머니를 만들었다'라는 말이 있습니다. 이 말은 하나님은 영이시기에 인간의 모습으로 각 가정에 나타나 자녀를 키울 수 없으므로 각 가정에 '신의 대리자'인 어머니를 두셨다는 것입니다. 어머니는 신을 대신하는 중요한 존재로 어머니를 집안의 '영혼'이라고 부릅니다. 집

안에 어머니가 없으면 아무도 없는 것같이 중요한 존재입니다.

하나님은 어머니의 역할을 성경에서 분명하게 말씀하십니다. 어머니는 히브리어로 '돕는다' 라는 뜻을 가지고 있습니다. 특히 아버지(남편)를 돕는 배필로 지으셨고 남편의 권위를 세워 주는 역할을 하도록 창조되었습니다. 유대인 어머니는 가정에서 사랑과 정서(EQ) 및 동정(눈물)의 상징이기도 합니다.

유대인은 어머니가 유대인이어야 유대인입니다. 유대인의 선민은 어머니에 따라 결정되기 때문에 유대인 자녀는 아버지가 이방인이라도 어머니가 유대인이면 유대인으로 인정합니다. 유대인다운 유대인은 어머니의 교육에 따라 좌우되기 때문에 어머니의 역할은 매우 중요합니다.

유대인이 자신의 풍부한 감성을 긍정적으로 잘 표현할 줄 아는 것도 어머니의 정서(EQ)교육인 체다카(기부)교육 덕분입니다. 유대인 어머니는 남을 동정하고 남의 마음을 상하지 않게 하고 긍정적으로 말하는 성품 훈련을 어릴 때부터 시킵니다. 그렇기 때문에 유대인은 사회 생활을 할 때 인간관계를 아주 원만하고 지혜롭게 합니다. 이 모든 것은 어머니에게서 성경에 근거한 정서(EQ)교육을 받았기 때문입니다.

자녀교육은 어머니의 무릎 아래에서부터 시작된다고 합니다. 가정에서 하나님의 율례와 법도를 실천하게 하는 원동력이 바로 유대인 어머니이기 때문입니다. 유대인 부모는 모두 자녀를 가르치지만 특히 어머니는 인간다운 삶의 자세를 철저히 가르칩니다. 부모 공경(효), 가르치는 자 공경, 웃어른 공경뿐 아니라 가족관계 및 공동체 안에서의 모든 인간관계에서 가져야 할 올바른 자세를 가르칩니다.

유대인 어머니가 자녀들에게 가르치는 예절교육의 모든 내용은 토라에 근거합니다. 탈무드에 '토라가 없는 곳에 예절이 없고, 예절이 없는 곳에 토라도 없다'라고 말할 만큼 그들의 삶의 가치관은 성경에 깊이 뿌리를 두고 있습니다. 몇 해 전 미국 로스앤젤레스의 유대인 공동체 내에 있는 예시바(Yeshiva) 고등학교를 방문한 적이 있습니다. 교실에 들어서는 순간 모든 학생이 일어서서 인사를 하며 맞이하는데 우리 일행이 자리에 앉으라고 권할 때까지 서 있는 것을 보았습니다.

그만큼 웃어른과 손님을 대하는 예의와 공경하는 자세가 몸에 배어 있는 모습에 감동한 적이 있습니다. 이렇게 반듯한 예절은 가정에서 어머니에게서 철저하게 교육받은 결과라 볼 수 있습니다. 그래서 누가 참 유대인이냐 할 때 '어머니가 유대인이면 유대인이다' 라고 할 정도로 유대인 교육의 중심에 어머니가 있습니다.

유대인 어머니는 어린 자녀가 손으로 무엇을 잡을 수 있는 나이부터 기부, 즉 체다카를 시작합니다. 하나님을 예배하기 앞서 남을 돕는 체다카를 하고 예배를 드릴 정도로 이웃 사랑 실천을 중요하게 가르칩니다. 또 정직함, 근면교육, 작은 물자라도 아끼고 절약하는 내핍생활교육을 중요한 덕목으로 가르칩니다.

그 외에도 하나님은 깨끗함을 좋아하시므로 주변을 깨끗하게 하는 청결교육, 잠자리에 들기 전 이야기 들려주기와 쉐마 암송하기를 생활 속에서 지도합니다. 또 정결한 코셔(Cosher) 음식교육, 식탁에서의 문화, 가정에서의 질서 등 유대인으로서 갖추어야 할 자세를 가르치는 교육 담당자가 어머니인 것입니다.

이상으로 종합해 볼 때 성경에서 제시하는 어머니의 역할 4가지를 살펴보면 다음과 같습니다. 첫째는 아기를 낳는 일입니다. 창세기

(2:15)에서 하나님은 생육하고 번성하라고 말씀하셨습니다. 피임하지 않고 하나님이 주시는 모든 생명을 낳아 하나님의 자녀로 키우는 것이 어머니의 가장 중요한 역할입니다.

둘째는 하나님이 주신 자녀를 바르게 양육(교육)하는 일입니다. 집에 있을 때든지 밖에 있을 때든지, 누워있을 때든지 일어날 때든지 말씀으로 잘 가르치라고 말씀하고 있기 때문입니다.

셋째는 가정을 성결하게 하는 일입니다. 어머니는 가정의 빛입니다. 어머니가 어두우면 가정이 어둡습니다. 어머니는 늘 밝고 명랑한 모습으로 가정에 활기를 불어 넣는 역할을 해야 합니다.

또 거룩한 가정 성소를 이루는 데에 어머니의 역할은 중요합니다. 자녀가 13세에 성인식을 할 때까지 부지런히 토라 말씀을 가르쳐 온전히 하나님 말씀만 몸에 배도록 지도하는 것입니다. 세상의 문화가 가정에 들어오지 못하도록 철저하게 지도합니다. 또한 어머니는 아내로서 남편을 사랑하는 자세를 고결하게 유지하도록 옷차림을 단정히 하고 자신의 몸을 잘 지키는 것을 중요하게 여깁니다.

마지막으로 하나님이 명령하신 안식일이나 각종 절기 식사를 준비하는 일 등이 어머니가 해야 할 일입니다. 매주 안식일 식탁예배 준비와 절기에 따른 음식 준비는 어머니 몫입니다(현용수, 〈성경이 말하는 어머니의 EQ교육〉, 2013, 도서출판 쉐마)

그 외에도 유대인 어머니는 자녀의 교육은 반복을 통해 이루어진다고 믿습니다. 전통은 어디에서 나올까요? 바로 습관에서 나온다고 믿고 있습니다. 습관은 어떻게 형성될까요? 반복적인 행동을 통해 이루어진다는 것입니다. 즉, 부모가 자녀에게 반복적으로 어떤 특정한 행위를 가르칠 때 습관이 몸에 배도록 지도합니다. 자녀교육을 책임지는 어머니는 어려서부터 인간의 도리를 율례와 법도에 맞게 반복적으로 연습시켜 경건한 자손으로 키우는 것이 어머니의 역할이라는 것입니다.

가족식탁과 부모의 역할

자녀들은 엄마와 아빠의 등을 보고 자란다고 합니다. 가정에서 엄마와 아빠의 역할을 보고 자신의 성 정체성과 이후 삶에서의 대인관계, 결혼과 가정에서 자신의 역할을 설정한다고 합니다. 그중에서도 가장 중요한 부분은 가족식탁과 밥상머리교육에서 엄마와 아빠의 역할입니다.

가족식탁과 아버지의 역할

아버지는 가족식탁을 위해 성경 말씀 묵상과 준비, 기도 준비, 아내와 함께 장보기, 가족과 함께 대청소, 가족식탁 세팅, 가족식탁 인도, 아내를 위한 노래를 준비합니다. 또한 아버지는 자녀를 위한 축복기도, 성경 하브루타 인도, 설거지, 자녀의 잠자리 준비, 자녀 재우기, 부부만의 시간 만들기를 합니다.

가족식탁과 어머니의 역할

어머니는 가족식탁을 위해 신선한 재료로 정성스럽게 음식 만들기, 기도 준비, 남편과 함께 장보기, 가족에게 입힐 특별한 의복을 준비합니다. 어머니가 하는 가장 큰 준비는 바로 '마음'입니다. 자신의 마음뿐만 아니라 가족에게도 편안한 마음을 갖도록 준비합니다. 어머니는 가정에서 빛의 역할을 합니다. 어머니의 얼굴이 밝아야 가족 모두 얼굴이 밝습니다. 촛불을 어머니와 딸이 켜는 이유가 바로 이것입니다.

가족식탁의 절차와 의미

첫째, 체다카 동전 넣기입니다. 이것은 자녀들이 어린 시절부터 나눔을 실천하여 삶을 풍성하게 살기 위함입니다. 가족식탁은 가정에서 하나님의 임재를 경험하는 시간입니다. 하지만 하나님의 임재를 경험하기 전에 가장 먼저 '동전 넣기'를 하는 이유는 '이웃 사랑'을 실천하기 위해서입니다. 우리 가정이 천국의 기쁨을 맛보는 이 순간에도 어려움을 겪는 수많은 가정과 친구들을 기억하는 시간입니다. 또한 하나님은 예배를 드리기 전에 가족과 형제와 화목하기를 바라십니다. 따라서 '체다카'라는 이웃 사랑의 절차를 통해 하나님의 임재를 맞이합니다.

둘째, 촛불 켜기입니다. 촛불에는 여러 가지 의미가 있습니다. 첫째로 빛으로 오신 예수님과 하나님의 임재를 상징합니다. 빛이신 예수님을 기억합니다. 둘째로 하나님의 자녀는 세상에서 '빛'과 소금의 역할을 해야 한다는 것입니다. 어두운 세상 가운데 우리는 빛의 역할을 감당해야 합니다. 셋째로 빛은 '가르침과 배움'을 상징합니다. 교육을 통해 우리는 세상을 밝히는 역할을 합니다. 넷째로 촛불은 자녀들에게 차분한 성품을 길러 줍니다. 불이 앞에 있다는 것만으로 조심스럽고 차분해지게 만듭니다. 다섯째로 촛불은 아늑하고 따뜻한 분위기를 연출해 최고의 만찬을 즐기게 합니다. 촛불을 켜서 로

맨틱한 분위기를 만들어줍니다.

셋째, 축복기도의 시간입니다. 가정에서 아버지의 축복기도는 예수님의 중보기도를 상징합니다. 가정의 제사장인 아버지의 축복기도는 자녀의 축복된 삶에 중요한 역할을 합니다. 아버지는 1년에 52주, 10년에 520주, 20년이면 1,040주를 자녀에게 축복기도할 수 있습니다. 자녀는 20세가 되면 세상으로 나갑니다. 그들은 세상에 나가기 전에 아버지에게 1,000번 이상 축복기도를 받습니다. 아버지에게 한 번도 축복기도를 받아보지 못한 아이들과 어떤 차이가 있을까요? 상상만 해도 아름답고 귀한 일입니다.

넷째, 감사기도의 시간입니다. 아버지가 대표로 감사기도를 드립니다. 사람들은 흔히 감사를 잊고 삽니다. 감사가 '능력'이란 말이 있습니다. 감사가 '실력'입니다. 우리는 아주 특별한 경우에만 감사하는 경향이 있습니다. 예를 들어 자녀 출산, 대학 합격, 자녀 결혼 등입니다. 하지만 아무것도 아닌 것에도 감사해야 합니다. 손과 발이 있는 것에 감사하고 손가락이 있는 것에 감사하고 눈과 코와 입과 귀가 있는 것에 감사하는 것입니다. 일주일간 잠에서 깨어나고 일어나서 숨을 쉬고 바깥에 나가서 공부하고 일하는 것에 감사하는 것입니다. 하나님께서 지금까지 살아오게 하심을 감사합니다.

다섯째, 저녁 만찬 시간입니다. 떡을 떼는 것은 생명의 떡으로 오신 예수님을 상징합니다, 만찬과 함께 한 주간의 삶을 나눕니다. 식탁은 예배의 제단을 상징합니다. 아주 먼 옛날 이스라엘 백성이 광야에 있었을 때 하나님께서 백성을 만나고 임재하시는 장소인 성막이 있었습니다. 그 성막에는 번제와 화목제를 위해 양과 소를 잡고 열 두 지파를 상징하는 떡을 진설했습니다. 이것은 현대적인 의미로 가정 성소를 의미합니다. 따라서 빵과 고기를 먹을 때마다 하나님이 함께 하신다는 것을 기억해야 합니다. 음식을 먹을 때는 늘 하나님의 말씀을 묵상하고 나누어야 합니다.

여섯째, 후식 시간입니다. 달콤한 후식은 자녀들에게 가족식탁을 더욱 기대하게 만듭니다. 평소에는 검소하고 평범한 음식을 먹습니다. 말하자면 김치찌개, 된장찌개, 밥, 김치 등입니다. 하지만 가족식탁에서 자녀에게 '최고로 맛있는 음식'을 대접하는 이유가 있습니다. 가족식탁을 기대하게 만드는 것입니다. 아이들이 하나님의 임재가 함께하는 시간을 학수고대하도록 그 시간을 최대한 기쁘고 즐거운 시간으로 만드는 것입니다.

일곱째, 성경 하브루타 시간입니다. 토요일이나 주일에 진행하는 주일식탁 가정예배는 사실 성경 하브루타를 통해 자녀에게 신앙을 계승하기 위한 것입니다. 가정은 자녀들에게 최고의 학교입니다. 자녀는 가족식탁에서 부모와 성경 공부를 하면서 인성과 영성 그리고 세상을 이기는 실력을 모두 쌓을 수 있습니다. 하나님의 말씀은 세상을 사는 우리들에게 무엇이 옳고 그른지를 명확하게 알려 줍니다. 왜냐하면 이 세상과 우리는 모두 하나님이 지으신 피조물이기 때문입니다. 창조주이신 하나님께서 성경을 통해 세상을 사는 지혜와 청사진을 모두 말씀해 주십니다.

성경 하브루타를 통해 자녀가 '하나님의 자녀'로 성장하게 만듭니다. 자녀가 자라서 결혼하고 가정을 이루어 다시 성경적 가족식탁을 만들 것입니다. 2대가 아니라 3대가 함께하는 가족식탁을 만들 수 있습니다. 3대가 동일한 신앙을 공유한다면 신앙의 명가가 자손만대까지 이어질 것입니다.

〈주일식탁 가정예배 순서〉
1. 촛불켜기 및 어머니의 기도, 아버지의 선포: 하나님의 날이 시작되었습니다(박수). 어머니와 아내를 위한 노래

2. 체다카 동전 넣기: 미리 준비한 동전을 저금통에 연장자 순서대로 넣습니다. (좋으신 하나님 찬양)

3. 자녀 축복기도: 방바닥에 무릎을 꿇고 아버지가 자녀의 머리에 손을 얹고 자녀를 축복합니다.

4. 정결예식: 기도문 읽으며 손씻기, 가족 간에 '미안합니다. 고맙습니다' 라고 말합니다.

5. 자리 착석 및 식사 시작: 사도신경

6. 분잔: 포도주스를 준비해 가족에게 나누어 줍니다.

7. 분병: 두 조각의 빵을 준비하고 아버지가 썰어서 나누어 줍니다.

8. 1라운드 시작: 수프와 샐러드 등을 먹습니다. 지난주에 은혜 받거나 기억나는 말씀을 나눕니다.

9. 2라운드 시작: 메인 요리를 먹습니다. 자녀에게 지난주에 궁금했던 말씀과 질문을 나눕니다.

10. 3라운드 시작: 과일이나 후식을 먹습니다. 계속해서 성경 질문과 말씀을 나눕니다.

11. 아버지를 위한 노래

12. 다가오는 주간의 계획을 의논합니다. 통성기도와 아버지의 대표기도

13. 자기 전에 부모님께 큰 절 하고 서로 허깅합니다.

자료: 새빛충신교회 백승철 목사

유대인은 이와 같은 방법으로 신앙을 계승해 왔습니다. 마치 유대인이 안식을 지키는 것이 아니라 안식일이 유대인을 지켰다고 할 정도입니다. 유대인에게 안식일이 있다면 현대 크리스천에게는 주일식탁 가정예배가 있습니다. 이렇게 일주일 중 하루를 '가정의 날'로 만들고 가족과 함께한다면 이 세상에서 천국의 기쁨을 맛볼 수 있습

니다. 안식일은 천국을 맛보는 날이라고 합니다. 안식일과 주일식탁 가정예배를 통해 한 세상을 살면서 두 개의 세상을 누릴 수 있습니다. 시편 128편은 이 세상에서 누리는 천국의 모습을 보여 줍니다.

<천국 가정의 모습>

1. 여호와를 경외하며 그의 길을 걷는 자마다 복이 있도다
2. 네가 네 손이 수고한 대로 먹을 것이라 네가 복되고 형통하리로다
3. 네 집 안방에 있는 네 아내는 결실한 포도나무 같으며 네 식탁에 둘러앉은 자식들은 어린 감람나무 같으리로다
4. 여호와를 경외하는 자는 이같이 복을 얻으리로다
5. 여호와께서 시온에서 네게 복을 주실지어다 너는 평생에 예루살렘의 번영을 보며
6. 네 자식의 자식을 볼지어다 이스라엘에게 평강이 있을지로다

(시편 128편)

6) 노년부부 성성교육
노인의 정의와 중요성

세월이 지나 노인 시기가 되면 심신이 쇠약해지고 심리적, 사회적 기능이 저하됩니다. 그리고 '노인네', '늙은이', '나이 많은 사람', '어르신' 등으로 불리게 됩니다. 노인이란 사전적 의미로 '나이가 많이 들어 늙은 사람'입니다.

국제노년학회(1952)에서는 노인을 '인간의 노화 과정에서 나타나는 생리적, 심리적, 환경적 변화와 행동의 변화가 상호작용하는 복잡한 형태의 과정에 있는 사람'이라고 정의합니다.

그 외에도 우리나라 노인복지법은 만 65세 이상의 사람을 노인이라 칭합니다. 그러나 나이에 비해 신체적 건강이나 적절한 적응력 및 삶의 준비가 되어 있을 때에는 그 기준이 달라질 수 있습니다. 나이가 40세인데도 80세 노인 같은 사람이 있고, 80세 노인임에도 40세 청년 같은 사람이 있습니다.

우리 사회에는 초고령사회 진입을 앞두고 노인 연령을 상향조정해야 한다는 논의가 계속되고 있습니다. 의료기술의 발달과 식생활

향상으로 평균수명이 계속 높아지고 있기 때문입니다. 이렇게 인간의 평균수명이 늘어나면서 노인에 대한 가치관도 변하고 있습니다. 신체가 건강해 패기가 있고, 외형적으로 젊고, 예쁘고, 멋지게 생긴 외모가 환영 받는 시대입니다.

이에 반해 얼굴에 주름이 많고 나이든 노인의 모습은 무시당하기 일쑤입니다. 또 노인들은 빠르게 변하는 세상에 잘 적응하지 못하고 지식이나 정보 습득 속도가 느리기 때문에 더 배척당하는 시대에 살고 있습니다.

우리의 전통문화에서 노인은 존경의 대상이었습니다. 그러나 지금은 '나이 많은 사람', '꼰대'라는 부정적 의미를 갖고 있습니다. 다윗이 살던 당시만 해도 사람의 평균 수명은 70~80세였습니다. 그러나 지금은 20~30년이 더 늘어났습니다.

시편 90편 10절에는 "우리의 연수가 칠십이요 강건하면 팔십이라도 그 연수의 자랑은 수고와 슬픔뿐이요"라고 했습니다. 시편 기자는 평생 살아온 삶을 되돌아볼 때 노년기에 수고와 슬픔만이 남는다고 한탄했습니다. 그러나 노인에게는 평생 살아오면서 얻게 되는

귀한 것이 있습니다. 그것은 젊은이들이 갖지 못하는 다양한 경험과 지혜입니다.

아프리카 속담 중에 "노인 한 명이 죽는다는 것은 도서관 하나가 불타 없어지는 것과 같다"라는 말이 있습니다. 그만큼 노인이 평생을 살아오면서 축적한 지식이나 지혜가 도서관에 버금갈 만큼 값지다는 것입니다. 평범한 노인이라도 그가 일생을 통해 갖게 된 지식은 곧 역사가 될 수 있다는 의미입니다. 노인에게는 돈으로 계산할 수 없는 무형의 값진 보화가 있다는 것입니다.

최근 우리나라 노인 인구의 급증과 기대 수명의 연장으로 노년기가 길어지는 가운데 여러 가지 사회문제가 발생하고 있습니다. 특히 다른 연령보다 65세 이상의 이혼 비율이 10년 전보다 4배 이상 증가했습니다. 이런 황혼이혼은 당사자에게 정서적 고독감과 우울증을 동반하고 홀몸노인으로 남을 확률이 높아 노후 삶의 질을 저하시키는 주요 요인이 됩니다.

그 외에도 10년 전에 비해 65세 이상 강간범죄 발생 비율과 성매매 위반 범죄 비율이 2배로 증가했고, 65세 이상 노인 성병 감염자 수도 6배 증가했습니다. 이같이 고령화에 따른 노인층의 이혼, 강간범죄, 성병 감염 등이 가파르게 증가한 반면, 이와 관련된 교육은 턱없이 부족한 형편이어서 노년을 위한 성교육이 아주 시급합니다.

노년기 성성교육의 필요성

오늘날 우리나라 노인들은 유교적 사상과 남아선호 사상 속에서 평생을 남성 중심적인 가치를 갖고 살아왔습니다. 또 노년기 성교육을 충분히 받지 못하고 지내왔기 때문에 잘못된 성행동이 보일 수 있습니다.

노년기 성은 젊은 사람과는 다릅니다. 노화에 따른 신체적 기능 저하로 성생활에 변화를 겪습니다. 또 배우자와 사별하거나 이혼 등으로 혼자 살고 있거나 파트너가 있다고 하더라도 노인의 성에 대한 부정적 시각으로 노인의 성은 존재하지 않는 것 같은 분위기가 형성되어 노인의 성생활은 더 어려울 수 있습니다.

그러나 노인의 성은 젊은 사람과는 다르지만 여전히 존재합니다. 노인들에게 인간으로 살아가는 올바른 태도나 성 가치관 형성을 중심으로 한 성교육이 이루어지지 않는다면 각종 성 문제가 확대될 수 있습니다.

많은 노인이 노화에서 오는 성적, 신체적 변화에 관한 잘못된 지식을 갖고 있는 경우가 있습니다. 그에 따라 성기능 장애뿐 아니라 우울증, 삶의 의욕 감소 등 다양한 문제가 발생합니다. 따라서 노인의 성교육은 성에 관한 편견으로 발생하는 피해를 줄이고 성을 긍정적으로 받아들이는 태도와 성생활을 올바르게 이해하도록 구성해야 합니다. 아울러 성에 관한 근원적이고 본질적인 접근으로 성경적 성의 원리, 성경적 가치관에 따른 정확한 정보를 주어야 합니다. 이외에도 이성교제, 재혼 등의 고민에 성경적 대안 제시와 관련 상담이 필요합니다.

대부분의 노인은 성에서 인생의 마지막 종점에 이르렀다는 회의감에 빠질 수 있습니다. 더구나 성 기능을 제대로 할 수 없거나 해소하지 못하고 있다는 점에 대해 좌절감을 갖습니다. 이러한 노인들에게는 신앙 안에서 해법을 제시하는 것이 중요합니다. 어떠한 상황 속에서도 하나님은 우리와 함께하심을 믿고 그분에게 다가가 하나님의 은혜를 구하는 신앙적 성 상담이 필요합니다. 그동안 우리 사회와 교회에서 노인의 성을 도외시한 것이 사실입니다. 교회 내에서 성경적 성교육을 기초하여 노인 대상 성교육과 성 상담이 적극적으로 이루어지도록 관심을 가져야 합니다.

지금은 '100세 시대'입니다. 인간의 평균수명이 늘어나 노년의 연령 구분이 모호해지고 있습니다. 최근 노인 연령임에도 노인의 특성인 나약하고 초라한 부정적인 이미지와 달리 활기차게 인생을 즐기는 노인 신세대(신중년 60~75세)가 크게 늘고 있습니다.

이들은 건강한 만큼 성 욕구와 표현도 적극적입니다. 이러한 새로운 노인 신세대가 성에 관해 건강한 의식을 가질 수 있도록 성경의 성의 원리와 성경적 관점에서 접근이 더욱 필요합니다.

노인들을 대상으로 하는 성교육의 내용으로는 남녀의 신체적 구조나 기능적인 성과학적 접근뿐 아니라 신체적, 정서적, 성적 발달에 따른 적절한 지식 제공이 이루어져야 합니다. 또 노화과정에서 성적·신체적 변화, 성기능 장애와 원인, 노년의 성생활, 성윤리 확립, 성병을 예방할 수 있는 안전한 성생활 등의 내용도 포함되어야 합니다.

이 책에서는 기존의 성교육이 아닌 성성교육이 목표입니다. 성성교육은 인간존중 정신에 입각한 인간교육으로 지·덕·체의 조화와 균형을 이루는 교육입니다. 곧 하나님이 주신 전인교육이라고 할 수 있습니다. 성성교육을 통해 남녀 차이와 역할을 이해하고 왜 결혼을 해야하는지, 하나님이 인간에게 왜 성을 주셨는지, 왜 자식을 낳아 길러야 하는지, 그 성은 어떤 기능을 하는지, 왜 하나님이 짝지어 준 배우자 외에 다른 사람과 성관계를 하면 안 되는지를 정확하게 인지하게 해 줘야 합니다.

또 성성교육은 인간이 행복한 삶을 살아가도록 도와주며 이성을 보는 올바른 시각을 갖게 합니다. 적절하게 사랑을 표현할 수 있는 대화 능력을 기르고, 교육을 통해 삶의 기쁨과 행복감을 충만히 누리게 합니다. 그 외에도 노인들의 성 관련 교육에서 성 기능적이고 과학적인 접근 보다는 성경에 기초한 본질적인 접근이 먼저 이루어지도록 하는 것이 성성교육의 목표입니다.

노년기 성생활에 중요한 것은 배우자를 편안한 마음으로 대하는 것입니다. 예전 같지 않게 부부관계 횟수가 현저하게 줄어든다 해도 일상생활 속에서 스킨십을 통해 서로 사랑하고 사랑받고 있다는 정서적 안정감을 유지하는 것이 중요합니다. 황혼기를 안정되고 여유 있게 보내기 위해서는 부부가 여가나 취미생활 등을 함께 할 수 있는 기회 제공이 무엇보다 필요합니다.

노인 성성교육 커리큘럼
 1. 성교육과 성성교육의 차이점
 −성성교육의 개념과 포괄적 성교육을 이해한다.
 2. 인간발달
 성 발달, 신체상, 사춘기, 성적정체감, 생식기 해부구조, 임신 분만 출산 등
 −인간발달과 인간 생애주기별 성 발달과 인간발달의 개념을 이해한다.
 3. 인간관계
 가족, 우정, 이성교제, 사랑, 결혼, 자녀양육 등
 −인간관계 및 성경적 성성교육의 개념을 이해한다.
 4. 대인기법
 가치관, 의사소통, 협상, 의사결정, 도움 구하기 등
 − 대인기법과 성성교육의 필요성을 이해한다.
 5. 성 행동

자위, 금욕, 성적 공상, 인간의 성 반응, 성기능 부전 등
-성행동을 통한 인간의 성성교육의 핵심 내용을 이해한다.
6. 성 건강
피임, 성병과 에이즈, 유산, 생식건강 등
-청소년기와 사춘기의 성 건강을 이해한다.
7. 사회와 문화
성 역할, 성과 매체, 성과 법 등
-사회와 문화 속에서 성성교육의 필요성을 이해한다.
(미국 성정보고교육위원회(1991)의 기준을 참고해 재구성)

이 외에도 성성교육을 통해 부부간 갈등 해결을 위한 상담 지원과 노인들이 갖고 있는 재물이나 무형의 가치를 남에게 베풀 수 있는 기회 제공이 필요합니다. 아울러 홀로 사는 노인들의 성 문제와 외로움과 고독을 해결하기 위한 올바른 재혼관, 신앙 모임을 통한 이성 만남, 노년기 비전 등의 교육을 통해 풍성한 삶으로 안내해야 합니다.

또 노인만이 가질 수 있는 깊은 삶의 통찰과 지혜를 다음세대에 전해 주는 것이 얼마나 가치 있는 일인지 인식할 수 있도록 안내해야 합니다. 그리하여 손자 손녀나 영유아기 아이들이나 젊은이들에게

나눌 수 있다면 노년기 삶의 보람과 행복을 충만하게 누릴 수 있습니다.

노년기 고독과 외로움의 문제

인간의 진정한 고독과 외로움은 외부의 영향이 아니라 바로 자신의 내면에서 시작됩니다. 외로움과 고독의 문제는 노년의 몫만은 아닙니다. 최첨단 기계 문화 속에서 살아가는 현대인이 겪는 문제이기도 합니다. 자기만의 독립된 공간에서 혼자 삶을 즐기는 사람이 급증하고 있습니다. 혼자 밥 먹고, 혼자 술 마시고, 혼자 노래방 가는 나 홀로 시간을 보내는 것이 자연스러운 시대가 되었습니다.

노년기에는 인생의 끝자락에서 자신이 살아온 생애를 되돌아보게 됩니다. 이 시기에는 여러 가지 일이 한꺼번에 발생하는 경우가 많습니다. 은퇴 시기와 맞물려 몸이 허약해지거나 중병이 찾아오기도 합니다. 또 지인들이나 친구, 배우자의 죽음을 바라보며 인생의 무상함을 경험할 때 깊은 외로움과 고독을 느낍니다.

에릭슨은 노년기에 그동안 살아 온 삶을 어떻게 받아들이느냐에 따라 심리적 성패가 달라진다고 했습니다. 지난 세월이 무의미하고 무가치하다고 느끼면 깊은 절망감에 빠집니다. 고독과 외로움은 살아 온 삶이 의미가 없다고 느껴질 때 강하게 올 수 있습니다. 그러나 자신의 삶이 의미 있고 잘 살았다고 인식하면 보람과 인생의 깊은 지혜를 얻게 됩니다. 이러한 긍정적 심리 상황은 한 차원 높은 삶의 철학으로 자아통합을 이루게 합니다. 그리하여 노년기 여생을 더 행복하게 보낼 수 있습니다.

노년기의 외로움과 고독은 본인만 알 수 있는 일이고 그 누구도 해결하기 어려운 자신만의 일입니다. 여러 가지 고뇌로 가슴앓이를 하는 외롭고 고독한 노년의 모습을 시편 기자는 다음과 같이 묘사합니다.

내 날이 연기 같이 소멸하며… 나는 광야의 올빼미 같고 황폐한 곳의 부엉이 같이… 내가 밤을 새우니 지붕 위의 외로운 참새 같으니이다(시 102:3~7)

성경을 살펴보면 외로움과 고독 속에 치열하게 몸부림 쳤던 엘리야, 다윗, 사도 바울, 요한 등 믿음의 노장들이 등장합니다. 이들은 외롭고 고독할 때 주님과 독대했습니다. 그들은 외로움과 고독 속에서도 열악한 환경에 굴하지 않고 끝까지 기다리며 하나님의 임재를 경험했습니다. 즉, 어려운 환경 속에서 깊은 내면의 소리에 귀를 기울여 하나님의 세미한 음성을 듣고자 했습니다. 노년기에 찾아오는 외로움과 고독을 통해서 하나님과 독대하는 기회를 놓치지 않았습니다.

노년기의 외로움과 고독은 누가 대신하기 어려운 일입니다. 노인의 외로움과 고독을 해결하는 방법은 무엇일까요? 먼저 주변의 누군가와 정서적 연결 고리를 찾아 교감해야 합니다. 가까운 교회의 노인대학 프로그램 참여하거나 지역사회의 노인정 활동에 참여해 봉사활동을 하는 것도 좋은 방법입니다.

애완동물을 기르는 것도 유익합니다. 애완용 동물은 사람과 교감하며 심리적으로 안정감을 주기 때문에 노인들 정서에 유익합니다. 애완동물을 통해 얻을 수 있는 장점은 먹이고 보살필 때 책임감을 갖게 합니다. 이러한 활동을 통해 자신의 존재감을 확인할 수 있고 누군가와 정서적으로 연결되어 있음을 통해 안정감을 갖는 효과가 있습니다.

또 좋아하는 채소나 화초를 기르면서 살아 있는 생명을 돌봄으로

써 통해 존재감 확인과 심리적 안정을 갖는 기회가 됩니다. 이외에도 누군가에게 작은 친절을 베풂으로서 복음 안에서 존재감을 확인 할 수 있는 활동을 찾아보는 것도 중요합니다.

주는 것이 받는 것보다 복이 있다(행 20:35)

남을 윤택하게 하는 자는 윤택하여지리라(잠 11:25)

노년기에 외로움이 느껴질 때 항상 긍정적으로 사고하는 습관이 중요합니다. 늘 기분 좋게 행동하고, 흥겨운 노래나 찬양을 부르고 성경 암송을 하며 자기 삶에 의미를 부여할 필요가 있습니다.

끝으로 형제들아 무엇에든지 참되며 무엇에든지 경건하며 무엇에든지… 사랑 받을 만하며 무엇에든지 칭찬 받을 만하며… 무슨 기림이 있든지 이것들을 생각하라(빌 4:8)

주의 손가락으로 만드신 주의 하늘과 주의 베풀어 두신 달과 별들을… 사람이 무엇이기에 주께서 그를 생각하시며… 주께서 그를 돌보시나이까(시 8:3~4)

의를 위하여 핍박을… 복이 있나니 천국이 그들의 것임이라… 너희를 욕하고 박해하고 거짓으로… 모든 악한 말을 할 때에는… 기뻐하고 즐거워하라 하늘에서 너희의 상이 큼이라… 선지자들도 이같이 박해하였느니라(마 5:10~12)

모든 것이 헛되도다(전 12:8)

일의 결국을 다 들었으니 하나님을 경외하고 그의 명령들을 지킬지어다 이것이 모든 사람의 본분이니라(전 12:13)

노년기의 어떠한 인생도 하나님 앞에서 아름답고 존귀한 자입니다. 외로움과 고독이 밀려오더라도 하나님을 경외하고 순종하며 나아가는 것으로 삶의 의미를 찾을 수 있습니다. 이것이 우주 만물을 창조하신 하나님의 목적에 맞는 삶입니다. 노년기의 비록 초라하고 보잘 것없는 존재 같아도 결코 혼자가 아님을 명심하는 것이 중요합니다.

노년기의 마지막 갈길 다 가도록, 마지막 호흡 다하도록, 나에게 주어진 십자가를 가슴에 품고, 나를 붙들고 계신 주님을 믿고 따라가야 합니다. 주님이 부르시는 그 날까지 하나님의 은혜에 감사하며 기쁨으로 사는 것이 노년기의 아름다운 마지막 모습입니다.

조부모의 역할과 격대(隔代)교육

전통사회에서는 대부분 3대가 한집에서 살았습니다. 빠른 산업사회의 발전과 도시화로 대가족에서 핵가족으로 변했습니다. 또 핵가족 속에서 맞벌이 가정이 증가하면서 가족이 집에서 함께 머무는 시간이 줄어들고 있습니다. 이러한 영향으로 전통적인 가치관이나 가정의 질서가 점차 무너지고 있습니다. 가정을 통해 전통과 가치관이 유지 전수될 부분이 설 자리를 잃게 된 것입니다.

특별히 영유아들은 어린이집이나 유치원에서 거의 하루를 지내고 귀가합니다. 대가족 제도 속에서는 조부모들이 가정 내에서 의미 있는 여러 역할을 맡았습니다. 그러나 지금은 조부모들도 각자의 시간과 공간 속에서 지내고 있기 때문에 가족과 더불어 사는 시간이 대부분 줄어들고 있습니다. 이러한 일들로 세대 간의 대화가 단절되고 갈등의 골이 깊어져 서로를 이해하는 폭이 감소하는 것도 큰 어려움입니다.

그러나 최근 부부 중심의 핵가족 제도 속에 살며 조부모의 도움을 받는 3대 가족이 늘어나고 있습니다. 조부모의 역할은 손주들에게도 좋은 영향을 주지만 개인에게도 긍정적입니다. 조부모와 손주와의 유대관계가 양 세대 모두에게 심리적 효과가 크다는 것입니다. 조부모에게는 삶의 경험으로 축적된 지혜가 있습니다.

이 보석 같은 지혜와 절제된 감정 표현으로 비교적 느긋하게 손주를 돌볼 수 있다는 장점이 있습니다. 이러한 조부모의 사랑과 돌봄을 받은 아이들은 안정되고 평안한 가운데 성장할 수 있는 것입니다. 이러한 시대적 흐름에 따라 격대교육의 필요성과 중요성이 대두되고 있습니다.

격대교육(Grand-parenting)이란 부모를 대신해 조부모가 손주를 양육하는 것을 말합니다. 우리의 전통적 사회에서는 3대가 한집에 같이 살 경우는 며느리의 다자녀 출산으로 조부모가 손주를 맡아서 양육하는 것이 자연스러웠습니다. 어머니는 사실상 많은 자녀를 출산하고 양육하는 일을 혼자 감당하기 어렵습니다. 자녀 양육에 어려움이 있기에 어느 정도 연령이 되면 자연스럽게 손주를 보살피는 일은 조부모 몫이었습니다. 자녀의 교육을 조부모에게 일임하는 것을 격대교육이라 불렀습니다. 옛 격언에 "조부모는 손자의 밑거름이다"라는 말이 있을 정도로 격대교육이 요구되었던 것입니다.

구약성경에 시어머니 나오미와 며느리 룻, 손자 오벳에 관한 친손자 격대교육 이야기가 나옵니다. 나오미는 남편도 죽고 두 아들도 모두 죽습니다. 이제 며느리 룻은 시어미와 아무런 연결 고리가 없어 남남으로 헤어져도 문제가 없는 사이가 됩니다. 그럼에도 며느리 룻은 아무 재산도 없는 불쌍하고 처량한 시어머니이지만 믿음을 보고 함께 살기로 합니다.

사사들이 치리하던 때에 그 땅에 흉년이…그 사람의 이름은 엘리멜렉이요 그 아내의 이름은 나오미요…그의 두 아들의… 나오미의 남편 엘리멜렉이 죽고 나오미와 그의 두 아들이 남았으며…모압 여자 중에서…아내…오르바요… 룻이더라… 두 사람이 다 죽고 그 여인은 두 아들과 남편의 뒤에 남았더라… 나오미가 이르되 내 딸들아 돌아가라 너희가 어찌 나와 함께 가려하느냐… 그들이 소리를 높여 다시 울더니 오르바는 그의 시어머니에게 입 맞추되 룻은 그를 붙좇았더라(룻 1:1~15)

얼마 후 며느리 룻은 하나님의 은혜로 보아스를 만나 결혼하고 아들 오벳을 낳았습니다. 그 오벳 손자를 시어머니 나오미가 양육합니다. 할머니 나오미는 손자 오벳이 선조들의 믿음을 잃지 않도록 신앙교육을 철저히 하여 다음세대로 이어지게 하는 격대교육의 본을 보입니다.

신앙과 삶의 경험을 통해서 나오는 지혜를 손자 오벳에게 전수하여 후대를 키우는 역할을 톡톡히 해냅니다. 그리하여 이새와 다윗으로 이어지는 믿음의 명문을 세우게 됩니다. 이렇게 믿음의 조부모들은 위대한 일을 할 수 있습니다. 평생을 살면서 축적한 신앙의 믿음과 지혜를 후세에게 넘겨주는 격대교육은 노년기에 놓쳐서는 안 되는 위대한 사역 중 하나입니다.

나오미가 아기를 받아 품에 품고 그의 양육자가 되니(룻 4:16)

신약성경에도 외할머니 로이스, 어머니 유니게, 외손자 디모데로 이어지는 격대교육에 관한 기록이 나옵니다. 신앙을 다음세대로 계승한 외조모 로이스는 디모데의 어머니 유니게, 또 그 아들 디모데에게 믿음을 전수하는 데 성공합니다.

사도 바울도 디모데가 하나님과 사람 앞에서 거짓없는 순수한 믿음을 갖게 된 것을 칭찬합니다. 그것은 외할머니와 어머니, 디모데로 이어지는 격대교육을 통해서 이루어졌음을 확신하는 모습입니다.

이는 네 속에 거짓이 없는 믿음이 있음을 생각함이라 이 믿음은 먼저 네 외조모 로이스와 네 어머니 유니게 속에 있더니 네 속에도 있는 줄을 확신하노라(딤후 1:5)

다음세대를 위한 신앙교육

최근 한국 교회가 가장 관심을 갖는 부분은 '다음세대(next generation)' 살리기입니다. 다음세대란 '차세대', '후속 세대', '자녀 세대' 등의 용어도 사용됩니다. 사전적인 의미로는 '세대를 이을 아이'라는 뜻으로 '자녀를 달리 이르는 말'이라고 정의하고 있습니다. 또 '어린아이가 성장하여 부모 일을 계승할 때까지의 30년 정도 되는 기간'을 말합니다. 아울러 '같은 시대에 살면서 공통의 의식을 가지는 비슷한 연령층의 사람 전체'를 가리키며, '한 생물이 생겨나서 생존을 끝마칠 때까지의 기간'을 말합니다.

지금 한국 교회는 '다음세대'가 잘 세워지지 않아 신앙 전수에 큰 위기를 맞고 있습니다. 한국 교회 전체가 다음세대 신앙 전수에 심각한 적신호를 보이고 있습니다. 유초등부 주일학교가 사라지고 중고등부가 점점 축소되는 교회가 급격히 증가하고 있습니다. 청년부도 대학만 졸업하면 썰물같이 빠져나가 남아 있는 청년이 재적 인원에 5%도 안 될 정도라고 합니다. 이런 현상이 나타난 원인은 무엇일까요?

한국에 1885년 토마스 선교사가 복음의 씨앗을 뿌린 지 120여 년이 흘렀습니다. 선교사들이 처음 한국에 들어와서 가장 먼저 한 일이 학교와 병원 및 교회를 세우는 일이었습니다. 그리고 이후 우리나라에 엄청난 발전과 변화의 바람이 불기 시작했습니다. 이때 선교사들을 통해 복음을 받아들인 이들이 신앙의 1세대입니다.

이들은 성경을 배우며 하나님이 이 우주의 주인이심을 알기 시작했습니다. 기독교 사상과 말씀을 통해 보이지 않는 영적인 세계에 눈이 열리게 되었습니다. 이러한 바람은 기존의 유교사상과 양반과 상놈을 나누는 계급사회를 무력화하는데 역할을 하기도 했습니다. 이 땅에 태어난 사람은 누구라도 존중받을 권리가 있고 인간답게 살 수 있는 권리가 보장되는 자유민주주의 국가 건설에 초석을 닦았습니다.

한국은 복음을 받아들인지 한 세기 만에 기독교 신자가 천만이 넘을 정도로 놀라운 양적인 부흥이 있었습니다. 이러한 부흥의 역사가 있을 수 있었던 것은 일제 치하에서도 신사참배에 굴하지 않고 목숨을 버리면서까지 믿음의 정조를 지킨 믿음의 선각자들이 있었기 때문입니다.

주기철 목사님, 손양원 목사님, 김익두 목사님, 안창호 선생님, 조만식 선생님 등 복음의 지도자들이 한국의 근현대사를 이끌어 왔습니다. 그러나 기독교 지도자 중에는 신사참배에 동참하거나 독재자가 되어 일제에 협력한 일들은 옥에 티로서 아쉬움이 남는 역사이기도 합니다.

이러한 믿음의 1세대 선각자들의 뒤를 이은 이들이 2세대입니다. 2세대는 일제강점기와 6.25전쟁의 중심에서 하나님이 행하셨던 기적들로 나라가 세워져 가는 것을 목격하고 체험한 세대입니다. 부모들을 통해 신앙 전수가 이루어졌던 믿음의 세대였습니다.

2세대는 부모들이 경제적 어려움 속에서도 현실을 타파하고자 믿음 안에서 기도하고 성령을 받아 체험적인 신앙을 목격한 세대입니다. 또 참혹한 6.25전쟁으로 폐허가 된 나라를 세계경제대국 10위 안에 들게 한 주인공들이기도 합니다. 한국의 경제부흥과 교회의 양적 부흥으로 세계적인 기록을 남긴 열정적인 세대이기도 합니다.

세계 교파별 가장 큰 교회가 대부분 우리나라에 있습니다. 교회의 양적 발전에 기여한 이들이 대부분 2세대입니다. 이러한 양적 성장은 교파 이기주의, 성장제일주의, 물량주의, 교회세습 등을 불러왔습니다. 교회의 세속적이고 물량주의적인 모습에 염증을 느껴 교회를 떠나는 성도가 급증하고 있습니다. 급기야 대한민국 국민의 25%을 차지하던 천만의 기독교인 수가 지금은 950만 명으로 감소했고, 지금도 마이너스 성장을 이어가고 있는 실정입니다.

믿음의 선조들에 의해 2세대까지는 그런대로 신앙 전수가 이루어졌습니다. 그러나 지금의 청장년들인 3세대와 자라나고 있는 영유아의 신앙 전수가 거의 이루어지지 않아 '다른 세대'로 세워져 있습니다. 이렇게 된 원인은 무엇일까요?

> 그 세대의 사람도 다 그 조상들에게로 돌아갔고 그 후에 일어난 다른 세대는 여호와를 알지 못하며 여호와께서 이스라엘을 위하여 행하신 일도 알지 못하였더라(삿 2:10)

이는 한국 교회가 양적인 성장을 우선시하고 부모들이 다음세대 신앙 전수를 소홀하게 했던 것이 가장 큰 이유라고 볼 수 있습니다. 지금의 목회자들은 다음세대 신앙전수의 위기를 알고 있지만, 무엇을 어떻게 해야 할지 모르고, 특별한 대안도 없는 것이 현실입니다. 그러면 다음세대의 신앙 전수를 위해 어떻게 해야 할까요?

5천 년 동안 세대차이 없이 신앙 전수에 성공한 유대인의 신앙교육을 살펴볼 필요가 있습니다. 정통파 유대인도 처음부터 신앙전수가 잘 이루어졌던 것은 아닙니다. 그러나 지금은 그들의 신앙을 다음세대에 전수하는 데 큰 문제가 없습니다. 유대인의 신앙교육을 그대로 적용하기에는 어려움이 있지만 우리 문화와 신앙에 알맞게 적용한다면 하나의 대안이 될 수 있습니다. 유대인들이 자손대대로 하나님의 말씀을 전수할 수 있었던 성공의 비결은 다음 성경에서 찾을 수 있습니다.

내가 그로 그 자식과 권속에게 명하여 여호와의 도를 지켜 의와 공도를 행하게 하려고 그를 택하였나니 이는 나 여호와가 아브라함에게 대하여 말한 일을 이루려 함이니라(창 18:19)

유대인 부모는 자녀가 13세가 되어 성인식을 하기 전까지 자녀를 영적인 제자 삼는 쉐마교육을 합니다. 이것이 유대인의 생존 비결입니다. 믿음의 조상 아브라함은 믿음의 1세대, 이삭은 2세대, 야곱의 3세대까지 신앙 전수를 성공적으로 이루었습니다. 이렇게 아브라함처럼 당대에서 3대까지만 신앙 전수에 성공한다면 다음세대에 무리 없이 전수될 거라는 것입니다.

유대인은 성인식을 갖는 13세 이전에 이루어지는 교육을 중요하게 생각합니다. 그들은 13세까지 뇌에 어떤 사상과 철학이 있느냐가 그 사람을 결정하기 때문에 그때까지 부모가 온갖 정성을 다합니다.

13세 성인식 전까지 수직문화의 가치관 즉, 유대교의 사상, 철학, 고난의 역사, 효, 예절, 절기, 예의, 인성, 청결 등을 부모가 자녀에게 끊임없이 교육합니다.

직장에 다니는 아버지들은 퇴근 후 자녀와 학교에서 배운 토라 내용으로 질문하고 대답하고 토론하고 논쟁하며 자연스럽게 자녀와 시간을 보냅니다. 또 매 주말 안식일 식탁예배나 각종 절기를 통해 아버지가 성경을 가르칩니다. 이런 자녀 교육을 통해 하나님의 자녀로서 세상과 구별된 자로, 거룩한 자로, 성결한 자로 양육하는 것을 사명으로 알고 온 마음과 정성을 다합니다.

이러한 믿음의 신앙전수를 통해 종교관이 명확해지고 좋은 인성을 갖추는 것 외에 국가에 대한 투철한 애국심을 갖게 됩니다. 그리하여 1500만의 작은 인구로 세계 수준의 전쟁에서 이기는 국가 경쟁력을 키우는 데 성공했습니다.

또 가정에서 아버지와 아들이 대화하고 토론하며 논쟁하는 하브루타 교육으로 IQ교육에도 성공했습니다. 이렇게 유대인들이 처음부터 '다음세대' 신앙 전수의 중요성을 깨닫고 잘했던 것은 아닙니다. 그들도 수많은 세월 속에서 '다음세대'가 세워지지 않고 '다른 세대'가 생겨 많은 어려움을 겪었습니다.

애굽에 있던 이스라엘 백성은 하나님께서 행하신 기적들을 경험했던 출애굽 1세대입니다. 이들은 하나님의 기적으로 홍해가 갈라져 이스라엘 백성이 바다를 건너는 것을 직접 경험했습니다.

목마른 백성을 위해 바위에서 생수가 터지게 하여 물을 마시게 하시고, 만나와 메추라기를 40년 동안 하늘에서 내려 배고프지 않게 하시고, 또 옷이 해어지지 않게 입히고 먹이신 하나님의 기적을 체험한 1세대였습니다. 그러나 이들은 말씀에 순종하지 않고 교만하게 행하다 그만 광야에서 모두 죽어 약속의 땅 가나안에 들어가지 못했습니다.

출애굽 2세대는 광야에서 하나님이 행하셨던 기적을 어릴 때 경험했거나 부모를 통해 들으며 성장했던 하나님을 아는 믿음의 세대였습니다. 그러나 이들은 자녀들 신앙교육을 소홀히 한 탓에 여러 가지 어려움을 겪었습니다.

다음세대에 신앙 전수가 이루어지지 않는 것이 얼마나 위험한지를 보여 주는 세대입니다. 약속의 땅 가나안에 들어간 3세대는 여호와를 알지 못하고 하나님께서 이스라엘을 위해 행하신 일도 알지 못하는 '다른 세대' 였던 것입니다.

묵시가 없으면 백성이 방자히 행하거니와(잠 29:18)

모세가 본즉 백성이 방자하니 이는 아론이 그들로 방자하게 하여 원수에게 조롱거리가 되게 하였음이라(출 32:25)

이렇게 믿음의 부모가 자녀에게 신앙 전수를 하지 않으면 오만 방자하고 교만해져 원수들에게도 조롱거리가 된다는 것입니다. 유대인 자녀들이 부모에게 신앙을 전수받지 않아 '이방인'처럼 전혀 '다른 세대'로 남게 되어 조롱거리가 된 것입니다. 이러한 모습은 '다음세대'에 신앙 전수가 이루어지지 않은 오늘날 한국 기독교 가정의 모습과 동일합니다.

부모들이 자기 자녀에게 하나님을 아는 신앙 전수를 게을리하는 것이 얼마나 위험한 것인지를 보여 주고 있습니다. 우리는 믿음의 선조들이 목숨같이 지켜왔던 신앙을 다음세대에 잘 전수 해야 합니다. 개인과 가정과 교회를 살릴 수 있는 이 일에 믿음의 어른들이 앞장서야 합니다.

성경적 '성화'의 의미

성화(聖化)는 사전적으로 '신의 은총으로 의롭게 된 사람이 성령으로 말미암아 거룩하게 됨' 이라는 의미입니다. 성화란 히브리어 '카다쉬(qadash)'로 '자르다' 라는 의미입니다.

헬라어 '하기아조(hagiazo)', '하기아스(hagias)'는 '거룩함으로 가다', '성결함으로 나아가다' 라는 뜻을 내포하고 있습니다. 이는 분리의 개념을 강조한 '구별하다', '분리(구분)하다', '깨끗하게 하다', '거룩하다' 라는 영적인 뜻으로 구원의 현재적 단계로서 이미 의롭다 하심을 입어 죄악과 부정으로부터 철저히 분리되는 거룩한 삶을 사는 것을 말합니다.

죄인이었던 우리가 예수님을 만나 점진적으로 하나님의 사람으로 거룩하게 성장되는 과정을 성화라 말합니다. 이렇게 거룩함이 계속 강조되는 이유는 하나님의 거룩함 때문입니다. 하나님이 우리에게 거룩하라고 명령하셨기 때문입니다.

나는 너희의 하나님이 되려고 너희를 애굽 땅에서 인도하여 낸 여호와라 내가 거룩하니 너희도 거룩할지어다(레 11:45)

내가 거룩하니 너희도 거룩할지어다(벧전 1:16)

하나님이 거룩하시듯 우리도 거룩해야 합니다. 주님이 '구별', '분리' 되셨듯이 우리도 '구별, 분리' 되어야 합니다. 이것이 바로 성화(聖化)입니다.

이것이 없이는 아무도 주를 보지 못하리라(히 12:14).

성화는 하나님 형상으로의 회복되는 과정입니다. 인간의 부패성은 완전히 벗어나기가 어려우나 점진적으로 주님의 은혜로 영화(榮華)에 이르게 됨을 말합니다.

죄에 대하여 죽은 우리가 어찌 그 가운데 더 살리요… 그러므로 너희는 죄가 너희 죽을 몸을 지배하지 못하게 하여… 너희 지체를 불의의 무기로 죄에게 내주지 말고 오직 너희 자신을… 의의 무기로 하나님께 드리라(롬 6:1~12)

그러므로 너희가 더욱 힘써 너희 믿음에 덕을… 지식에 절제를… 인내에 경건을… 형제 우애에 사랑을 더하라(벧후 1:5~7)

오직 우리 주 곧 구주 예수 그리스도의 은혜와 그를 아는 지식에서 자라가라(벧후 3:18)

이는 예수 그리스도의 수준까지 자라가야함을 말하고 있습니다. 성령께서 인간의 죄를 깨끗게 하신 후 하나님의 형상, 즉 성령의 사람으로 변하게 하시어 죄에 대해 점점 죽고 의에 대해 살게 하시는 것을 말합니다. 인간이 죄의 관계를 끊고 하나님과 새로운 관계에 들어가는 헌신을 뜻합니다. 즉, 성화란 죄의 부패성에서 점점 벗어나 하나님의 거룩한 형상을 닮아 가는 것을 말합니다.

노년기에 접어든 어르신들은 인생의 많은 시련과 고난 속에서 인내하며 어려움을 통과한 분들입니다. 하나님은 당신이 사랑하는 자녀들을 고난이라는 학교를 통해 성장 성숙 성화의 단계까지 이르게 하십니다. 고난당하는 것을 좋아하는 사람은 아무도 없습니다. 그러나 지나고 보면 고난을 통해 하나님이 우리에게 주시고자 하는 축복이 담겨 있음을 나중에 알게 됩니다. 이러한 고난은 우리를 성숙과 성화의 단계로 이끄는 마중물과 같습니다.

로키산맥 꼭대기 수목 한계선 지대에 있는 나무들은 강하고 매서운 바람의 영향으로 곧게 자라지 못하고 '무릎을 꿇고 있는 모습'을 하고 있다고 합니다. 이들 나무는 열악한 조건에서도 생존을 위해 무서운 인내를 발휘하며 추위를 견딥니다. 그런데 이 나무가 세계적으로 공명이 잘 되는 최고 명품 바이올린의 재료로 쓰인다는 사실이 놀랍습니다. 로키산맥의 고난 속에서 인내를 감수하지 않았다면 그런 최고의 영광을 얻지 못할 것입니다.

하나님께서는 왜 사랑하는 자녀에게 누구도 원하지 않는 고난을 주시는 것일까요? 그 이유는 인간에게 고난이 필요하기 때문입니다. 고난은 사람을 사람 되게 하고 생명으로 이끄는 놀라운 힘을 경험하게 하는 하나님의 방법이기 때문입니다. 고난은 변장한 축복입니다. 고난을 통해 우리 자신을 되돌아보고 주님을 의지하며 어디로 가야 하는지 방향성을 찾을 수 있기 때문입니다. 그래서 노년기는 하나님이 주신 선물입니다.

그동안의 삶을 돌아보고 남은 인생을 정리하며 어떻게 죽음을 잘 맞이하여 또 다른 세상인 천국에 갈 수 있는지 준비를 할 수 있기 때문입니다. 그 동안 고난 속에 살아온 삶이 성숙과 성화로 가는 길이며 장차 영화(榮華)에 이르는 길이 되기 때문입니다.

위대한 가족의 사명

사람들은 흔히 '나의 사명' 또는 '우리의 사명'이란 말을 하곤 합니다. 그래서 부부간에도 상대의 인생 목표나 사명을 돕는 것이 중요합니다. 남편은 아내가 어떤 꿈을 가지고 있고 어떤 인생의 목표를 가지고 있는지 살펴보고 돕는 것입니다. 아내도 남편에게 마찬가지입니다.

배우자 각자의 목표나 사명이 있다면 부부의 공동 목표나 사명을 이루는 것도 중요합니다. 그래서 '우리'의 사명이 되어야 합니다. 가장 기본적인 '우리' 부부의 사명은 무엇일까요? 첫째로 자녀에게 '신앙의 유전자(DNA)'를 물려주는 일일 것입니다. 신앙의 유전자는 거룩한 유전자를 물려주는 일입니다. 거룩한 신앙의 유전자는 성 정체성이 올바로 정립된 하나님의 사람으로 만듭니다.

앞서 이야기했듯이 신앙의 조상들은 거룩한 신앙의 유전자를 물려주었습니다. 노아, 아브라함, 이삭, 야곱 등 신앙의 조상들이 그러했습니다. 그들의 과업은 부부 공동의 과업이었습니다. 사라와 리브가와 라헬이 합력해 신앙의 명가를 이루어냈습니다. 마찬가지로 우리도 부부의 공동 목표로서 '거룩한 하나님의 자녀 삼기'가 먼저

일 것입니다.

더 나아가 부부 공동의 목표는 이 세상에 선한 영향력을 끼치는 사명일 것입니다. 자녀를 모두 키우고 은퇴한 후에 부부가 함께 선교지로 떠나는 것을 보았습니다. 부부가 짬을 내서 길거리 노숙자를 정기적으로 돌보는 모습도 보았습니다. 또 부부가 함께 '부모 교육'의 훌륭한 파트너로 활동하는 모습도 보았습니다. 언젠가는 이렇게 세상에 선한 영향력을 끼치기 위해 부부가 연합해야 하지 않을까요?

마지막으로 이야기하고 싶은 사명은 바로 '위대한 가족의 사명'입니다. 나의 사명과 우리의 사명을 넘어서 가족의 사명을 의미합니다. 온 가족이 함께하는 '가족의 사명'이 있습니까? 대를 이어가는 가족의 사명이 있어야 합니다. 아브라함의 아버지 데라는 우상숭배와 타락의 땅 갈대아 우르를 떠나 가나안으로 향했습니다. 무슨 이유인지 모르나 그들은 하란 땅에 머물렀고 거기서 아브라함의 아버지 데라가 죽습니다. 그때 하나님께서 아브라함에게 나타나 가나안 땅으로 다시 가라고 명하십니다.

아브라함의 사명은 다름 아닌 아브라함 가족의 사명이었습니다.

아버지 데라가 죽고 나서 대를 이어가는 아브라함의 사명을 보고 우리는 무슨 생각을 할 수 있을까요? 나와 부부의 사명을 넘어서는 '가족의 사명'을 다시 생각해야 합니다. 너무 거창하지 않아도 됩니다. 가족의 신앙, 철학, 역사, 정신, 문화, 음식을 물려주는 것도 큰 의미가 있습니다.

할아버지와 할머니가 아버지와 어머니에게 물려주고, 아버지와 어머니가 아들과 딸에게 물려주는 것이 있어야 합니다. 말씀을 전수하는 '식탁'을 대대손손 물려주는 것도 '위대한 가족의 사명'이 될 수 있습니다. 그것은 자손 대대로 배움과 지혜를 물려주는 일이 될 것입니다.

에필로그

　한국 사회는 정보기술(IT)이 발달함에 따라 사회적 연결이 더욱 강화되었습니다. 그 덕분에 전국 어느 곳에서 어떤 일이 일어나는지 실시간으로 알 수 있게 되었습니다. 소셜네트워크서비스(SNS)나 유튜브 등의 발달이 가져오는 순기능뿐만 아니라 역기능적인 요소도 상당히 많다고 볼 수 있습니다.
　아이들은 아주 어린 시절부터 많은 음란물을 접하게 되고 선정적인 매체를 가감없이 받아들이면서 성 정체성과 성 역할에 혼란이 가중되고 있습니다.
　이에 따라 사회적으로 성추행, 성폭력 등 성 관련 범죄가 급격하게 늘어나고 사회 지도층의 성윤리 문제도 심각하게 대두되며 성도착 또는 성중독 등 정신병리학적 문제도 늘어나고 있는 실정입니다.
　교육부는 유초등학교 단위에서부터 예방적 차원의 성교육을 의무화하기에 이르렀습니다. 하지만 공교육에서 이루어지는 성교육은 성 과학적, 성생물학적 또는 성보건학적, 질병예방적 성교육이 주를 이루고 있습니다. 성에 대한 접근이 단순히 즐거움을 누리는 것을 넘어 생명 창조의 본질에 있다는 것을 간과하고 있습니다.
　이에 하브루타예비부모연구소(소장 한재윤)는 심각성을 깨닫고

2018년부터 올바른 성교육에 관한 연구를 이어왔습니다. 우리가 중요하게 고민한 것은 성교육이 단순히 성기관이나 성생식을 다루거나 예방적 차원의 성교육만을 의미하지 않는다는 점이었습니다.

성교육은 가정에서 부부가 친밀한 관계를 유지하는 것에서 시작되어야 합니다. 자녀는 친밀한 부모의 모습을 보며 자신들의 의식 속에 부모의 역할을 새깁니다. 이런 것은 단순한 성교육의 차원을 넘어 포괄적 성성교육의 차원이 됩니다.

아울러 우리가 선택한 접근은 성경적 성교육이라는 점입니다. 어쩌면 가장 보수적인 성교육으로 보일지 모르지만 성경적 성교육이라고 해서 무조건 금욕적인 것을 강조하는 것이 아닙니다. 성 욕구와 욕망에 대해 성경적으로 다시 정의하며 남녀 간의 기쁨과 즐거움을 누리되 올바른 시간, 올바른 사람, 올바른 장소여야 한다는 것입니다.

따라서 이 책은 기본적으로 이 시대를 살아가는 크리스천을 위한 성경적 성교육 지침서입니다. 신앙 명가를 만들고 제대로 된 신앙을 전수하기 위해 성결교육부터 이루어져야 합니다.

성경적 성교육은 공교육과 일반 사회교육에 적용하기에는 종교적 한계가 있습니다. 따라서 우리에게 남겨진 과제는 이처럼 소중한 접근 방식을 어떻게 일반 사회교육에 맞도록 적용점을 찾느냐 하는 것입니다.

참고문헌

성경원(2004). 노인의 성교육 프로그램 개발에 관한 연구. 경원대학교 대학원 박사학위논문.

심정섭(2016). **질문이 있는 식탁, 유대인 교육의 비밀.** 서울 : 예담프렌드.

안재순(2004). 노인의 성생활에 대한 지식과 태도 비교 연구. 대전대학교. 경영행정사회복지대학원. 석사학위논문.

전성수(2012). **부모라면 유대인처럼 하브루타로 교육하라.** 서울 : 예담프렌드.

전성수(2012). **자녀교육혁명 하브루타.** 서울 : 두란노.

전성수(2014). **유대인 엄마처럼.** 서울 : 국민출판.

전성수 양동일(2014). **질문하는 공부법 하브루타.** 서울 : 라이온북스.

진영훈(2007). 노인의 성욕구에 대한 연구. 호서대학교 벤처전문대학원 석사학위논문.

현용수(1996). **IQ는 아버지 EQ는 어머니 몫이다.** 서울: 국민일보.

현용수(2006). **유대인 아버지의 4차원 영재교육.** 서울: 동아일보사.

현용수(2012). **성경이 말하는 남과 여 한몸의 비밀.** 서울: 쉐마.

Babara J. Patterson 외. 강도은 역(2007). **무지개 다리 너머.** 서울: 물병자리.

Don Raunikar. 이명숙 역(2013). **하나님은 웨딩 플래너.** 서울:미션월드.

Mathias Wais 외. 이정희 여상훈 역(2019). **발도르프 성교육.** 서울: 씽크스마트.

Rahima Baldwin Dancy. 강도은 역(2005). **당신은 당신 아이의 첫 번째 선생님입니다.** 서울: 정인출판사.

Benjamin Blech(1991). Understanding Judaism, Jason Aronson Inc.

Rabbi Yisroel & Rabbi Osher Anshel Jungreis(2009). *Torah For Your Table,* SHAAR PRESS.

Rabbi Yishrael Meir Lau(2007). Rav Lau on Pirkei Avos, Mesorah Puplications, Ltd.

Yocheved Debow(2012). *Talking About Intimacy & Sexuality,* KTAV Publishing House, Inc.

Dating Jewish Style-The Search For A Soul Mate, OLAMI Resources. http://nleresources.com/olami-morasha-syllabus

Shabbat I, Plugging into the Goals of Life, OLAMI Resources http://nleresources.com/olami-morasha-syllabus

Shabbat II. The Shabbat Experience, OLAMI Resources. http://nleresources.com/olami-morasha-syllabus

The Shema Part I, The Jewish National Anthem, OLAMI Resources. http://nleresources.com/olami-morasha-syllabus

The Shema Part II, Say It Like You Really Mean It, OLAMI. Resources http://nleresources.com/olami-morasha-syllabus

The Philosophy of Taharat Hamishpachah & Mikvaht, OLAMI. Resources http://nleresources.com/olami-morasha-syllabus

결혼의 목적은 행복을 넘어 거룩입니다
하늘이 준 최고의 선물, 성성性性 이야기

초판 1쇄 : 2019년 11월 20일

지은이 : 이미란, 양동일, 한재윤
펴낸이 : 양동일
펴낸곳 : (주)생각나무
등　록 : 2019년 9월 3일 (No. 2019-000015호)
주　소 : 경기도 광명시 시청로 139, 106-1103
카　페 : http://cafe.naver.com/havrutaschool
전　화 : 02) 2625-5088
구입문의 : 010-8865-5828
팩　스 : 02) 2625-5088
이메일 : ydix409@naver.com
인쇄·제본 : 리틀아프리카 02)3664-0551

ISBN 979-11-968097-0-6
값 18,000원

이 책은 저작권법에 따라 보호받는 저작물이므로 무단전재와 무단복제를 금지하며,
이 책 내용의 전부 또는 일부를 이용하려면 반드시 저작권자와 (주)생각나무의
서면동의를 받아야 합니다.